MÉTHODE

DE LECTURE ET DE LANGAGE

A L'USAGE

DES ÉLÈVES ÉTRANGERS DE NOS COLONIES

PAR

L. MACHUEL

Directeur de l'Enseignement public en Tunisie

LECTURE, ÉLÉMENTS DU LANGAGE

DEUXIÈME LIVRET

PARIS
ARMAND COLIN ET Cie
5, RUE DE MÉZIÈRES, 5

ALGER
JOURDAN
4, PLACE DU GOUVERNEMENT, 4

1886

13542. — PARIS, IMPRIMERIE A. LAHURE
9, Rue de Fleurus, 9

AVERTISSEMENT

Les principes de lecture renfermés dans ce livret concernent les mots que nous avons classés dans les 6e, 7e, 8e et 9e catégories (voir la préface du premier livret).

Les phrases qui servent d'application à chacun des tableaux de ce volume sont nécessairement plus variées que celles du premier livret. Les mots devenant de plus en plus nombreux, il était plus facile de composer des phrases de toutes sortes et de leur donner même une forme dialoguée.

Nous insistons de nouveau sur la nécessité de faire apprendre de mémoire tous les exercices qui suivent les tableaux, et principalement les textes donnés comme modèles de lecture courante. Il ne suffit pas seulement d'enseigner aux élèves étrangers, pour lesquels cette méthode a été spécialement rédigée, le mécanisme de la lecture, mais encore et surtout les éléments du langage, qui comprennent l'étude des mots les plus pratiques de notre langue, et l'emploi de ces mots dans de petites phrases d'une construction facile.

Les fables et les anecdotes placées à la fin de ce volume ont été accompagnées de spécimens d'exercices que le maître devra faire faire de vive voix. Ces exercices, qui peuvent être du reste variés à l'infini, ont l'avantage d'obliger l'étudiant à se servir des connaissances qu'il a déjà acquises, et de donner à l'enseignement plus de vie, et par suite plus d'attrait. Nous ne saurions trop les recommander aux maîtres, car nous avons eu bien souvent l'occasion de constater les heureux résultats qu'ils permettaient d'obtenir.

Lorsque les élèves auront appris avec soin ce deuxième livret, ils pourront aborder sans difficulté notre livre de lecture courante, dans lequel ils trouveront un grand nombre de textes sur toutes sortes de sujets, ainsi que les premiers principes de la grammaire française. Après avoir étudié ce deuxième ouvrage, ils seront, croyons-nous, à même de se servir de tous les livres qu'on met en France entre les mains des élèves de nos écoles primaires.

APPLICATION DU 6e TABLEAU

c suivi de *e* ou de *i* se prononce *s*.
ç avec une cédille se prononce *s*.
g suivi de *e* ou de *i* se prononce *j*.
gu suivi de *u* se prononce toujours *g*.

(Le maître fera faire de nombreux exercices au tableau en se servant de lettres mobiles.)

EXERCICE

ce ci cin cé çoi çon
çons çu çou ça çan
çant ge gé gi gin
geon gue gué guin gea
geant geo guo gui

MOTS ISOLÉS

1 Ce garçon 2 la source 3 la nièce 4 la place 5 la noce 6 la glace 7 la balance 8 le médecin

9 le cimetière 10 la cigale 11 la puce 12 la racine 13 le citron 14 la ronce 15 le céleri 16 le cil 17 le pouce 18 le caleçon 19 le maçon 20 la façon 21 la grimace 22 la scie. — 23 Ce rivage 24 la cage 25 ce nuage 26 le courage 27 le mariage 28 le village 29 la nage 30 l'étage 31 le fromage 32 l'orge 33 la gorge 34 la forge 35 l'horloge 36 le forgeron 37 l'argile 38 le juge 39 la purge 40 l'étagère 41 le collège 42 le liège 43 l'orange 44 le singe 45 ce pigeon 46 la girafe 47 la génisse 48 le régime 49 la boulangerie 50 la langue 51 la guêpe 52 le guide 53 la figue 54 la fatigue. — 55 Sage 56 large 57 douce 58 mince 59 légère 60 rouge 61 facile 62 difficile 63 docile 64 âgé 65 prodigue 66 fatigué. — 67 Il prononce 68 il a menacé 69 il

a pincé 70 il a nagé. — 71 Je nage
72 tu nages 73 il nage 74 nous na-
geons 75 ils nagent. — 76 Je prononce 77 tu prononces 78 il prononce 79 nous prononçons 80 ils
prononcent. — 81 J'avance 82 tu
avances 83 il avance 84 nous avan-
çons 85 ils avancent. — 86 Je partage 87 nous partageons. — 88 Tu
agis 89 nous agissons. — 90 Je lan-
ce 91 nous lançons. — 92 Tu égor-
ges 93 nous égorgeons. — 94 Je
pince 95 nous pinçons. — 96 Je
trace 97 nous traçons 98 ils tracent.

(1)

La France. — La grande France. — Nous chérissons tous la France. — Nous admirons la France. — La France nous protège. — La France nous regarde.

— Vive la France! — Vive la langue de la France! — Une jolie langue. — Une langue facile. — Une langue difficile. — Une langue riche. — Votre langue ne m'a pas paru difficile. — Ce langage m'a paru difficile. — Votre langage lui a paru facile. — Voici une leçon facile. — J'écoute la leçon qui m'a paru difficile. — Un mot facile. — Ce mot m'a paru difficile. — Nous avons appris ce mot à l'école. — Où as-tu appris ce mot? — Nous l'avons appris dans la rue. — L'élève a oublié ce mot. — Je prononce mal ce mot. — Prononce le mot que tu as appris ce matin, et qui t'a paru difficile. —Tu ne le prononces pas mal. — Répète-le. — Répète ce mot. — Mon garçon, répète vite ce mot.

— Ce garçon n'a pas su lire ce mot. — Ce garçon m'a paru triste. — Le médecin m'a paru très triste. — Voilà le médecin qui m'a paru âgé. — Voici l'homme qui m'a paru âgé. — Votre mère nous a paru âgée. — Êtes-vous âgés? — Nous ne sommes pas âgés; nous n'avons que cinquante ans. — Votre père, votre mère, votre oncle sont-ils âgés? — Ils ne sont pas très âgés : mon père a cinquante-cinq ans, ma mère cinquante ans, mon oncle quarante-cinq ans. — Dis-moi ton âge, mon garçon. — Je suis âgé de quinze ans. — Dis-moi l'âge de ton petit frère. — Mon frère n'a que cinq ans. — Ce médecin m'a plu. — Ce langage m'a plu. — Votre garçon nous a plu. — La leçon de langage nous a plu. — La leçon de lecture a plu à l'élève. — La leçon de calcul ne lui a pas plu. — Le mot que tu as prononcé ne m'a pas plu. — Le mot que nous avons appris ce matin nous a paru très difficile : il ne nous a pas plu. — Le mot que nous avons lu ce soir nous a plu à tous; ce mot le voici : La France. — Ce mot, nous ne l'oublions pas; nous le prononcerons toujours, car la France nous protège, la France nous chérit. — Dites tous avant de finir la leçon : vive la France!

(2)

Je mange. — Que manges-tu? — Je mange du fromage. — Qui t'a donné ce fromage? — Ma mère me l'a donné. — Ce garçon mange une orange. — Qui la lui a donnée? — Qui t'a donné une orange? — Mon frère m'a donné une orange, une figue, une pomme, une poire. — Mange la figue. — Ne mange pas la poire. — Nous mangeons chaque soir une bonne orange avant de dormir. — Nos médecins mangent chaque matin quatre ou cinq figues avant de sortir. — Nous mangeons toujours du fromage avant de sortir de table. — Ne sors pas le matin sans avoir mangé. — Tu ne dois pas dormir après avoir mangé. — Nous ne voulons pas boire sans avoir mangé. — Avant de partir, mange une orange ou une pomme. — Je partage. — Que partages-tu? — Ne partage pas. — Qui a partagé l'orange? — Pourquoi as-tu partagé la pêche? — Partage la figue ou l'orange. — Donne-nous la banane après l'avoir partagée. — Dites à vos amis que nous vous donnerons nos oranges si vous êtes sages. — Sois sage, ta mère te donnera une grosse orange. — Si je suis sage, me donneras-tu une grosse figue? — Oui, mon ami. — Vive notre mère qui nous donne toujours de grosses oranges quand nous sommes sages! — Vive notre bonne mère qui nous chérit tant! — Vive notre mère qui nous protège quand nous sommes petits. — Il a égorgé un mouton. — Qui a égorgé ma poule blanche? — Pourquoi as-tu égorgé ce lapin? — La brebis que nous avons égorgée est grasse. — Mon père a pris le pigeon dans le jardin, il l'a égorgé. — Pourquoi a-t-il égorgé ce pigeon? — Il l'a égorgé pour que je le mange ce soir. — Quand l'a-t-il égorgé? — Il l'a égorgé ce matin. — Égorge ce coq, ton père le mangera. — Ne l'égorge pas devant moi. — N'égorge pas devant nous ce joli pigeon blanc. — Vous êtes tous méchants : pourquoi avoir égorgé ce joli pigeon?

(3)

Va dire à notre médecin de venir me voir. — Je suis malade. — Qu'as-tu? — As-tu toujours mal à la gorge? — Voici le médecin. — Voici mon oncle qui a la fièvre; il a mal à la gorge. — Depuis quand a-t-il mal à la gorge? — Depuis ce matin. — Qu'a-t-il bu? — Il n'a pas pu boire. — Qu'a-t-il mangé? — Il a mangé une petite orange. — As-tu un citron ici? — Voici un citron. — Partage-le; donne la moitié de ce citron à ton oncle. — Suce le jus de ce citron, tu seras vite guéri. — Pour guérir du mal de gorge, tu dois boire toute la journée du jus de citron. — Si tu bois toute la nuit du jus de citron, tu seras vite guéri du mal de gorge. — Quand on a mal à la gorge on doit boire du jus de citron. — Suce ce citron : si tu as mal à la gorge, tu guériras vite. — Mange la moitié de ce melon. — Il a pris la moitié de notre orange. — Pourquoi as-tu pris la moitié de la figue de ce garçon? — Nous n'avons pas pris la moitié du mouton que votre père a égorgé. — Voici la moitié de notre fromage; mange-la. — Voici la moitié du poisson que nous avons acheté.

Ceci. — Cela. — Qui a pris ceci? — Qui a dit cela? — Qui t'a donné ce livre? — Mon père m'a donné celui-ci. — Mon oncle m'a donné celui-là. — Le roi m'a donné ceci. — Qui a écrit ce mot sur le mur? — Mon frère a écrit celui-ci; mon ami a écrit celui-là. — Écris ceci sur le livre. — Qui a coupé ceci? — Qui a cassé cela? — Lis ce mot-ci. — Lis celui-là. — N'écris pas cela sur la table. — Écris ceci sur le mur : Vive la France! — Dors ici. — Sors d'ici. — Pars d'ici avant le jour. — Égorge ici ton pigeon. — Partage ici la viande du mouton que tu as égorgé ce matin. — Répète ici, devant nous, le mot que ce garçon a prononcé dans la rue. — Achète ici, sur le marché, de grosses oranges et de grosses figues. — Lave ici, dans la rivière, les habits que tu as salis. — Cache ici, dans l'armoire, la moitié du fromage que tu as volé. — Lis ici ta leçon. — Joue ici dans le jardin.

(4)

J'agis comme toi. — Il a agi comme vous. — Nous avons agi comme lui. — Tu as agi comme nous. — Tu as mal agi. — Tu n'agis pas mal. — N'agis pas comme lui. — Ce garçon agit mal. — Nous n'agissons pas mal comme vous. — Il m'a plu parce qu'il n'a pas mal agi. — Si tu agis mal, tu seras puni. — Quand votre garçon agira mal, nous le punirons. — Nous te punissons parce que tu as très mal agi. — Tu ne dois pas mal agir. — On ne doit pas mal agir. — Celui qui agira mal sera puni. — Voici le garçon qui a si mal agi. — Vous êtes puni pour avoir mal agi. — Tu as tort de mal agir. — Nous avons tort d'agir comme cela. — On a toujours tort d'agir comme nous avons agi. — Je réfléchis. — Nous réfléchissons. — Pourquoi ne réfléchis-tu pas? — As-tu réfléchi à ce que tu as dit? — Tu dois réfléchir avant d'agir.

— L'homme doit toujours réfléchir avant d'agir. — Quand on agit sans réfléchir, on a tort. — On a tort de ne pas réfléchir avant d'agir. — Réfléchis toujours, mon garçon, avant d'agir. — Si tu réfléchis avant d'agir, tu ne seras pas puni. — Tu écris sans réfléchir. — Réfléchis, lorsque tu as à écrire un mot difficile. — Lorsqu'on a à écrire un mot difficile, on doit toujours réfléchir. — Pourquoi m'as-tu puni? — Parce que tu as écrit ce mot sans réfléchir. — Tu lis sans réfléchir. — Il a l'habitude d'agir sans réfléchir. — Nous avons l'habitude de toujours réfléchir avant d'agir. — Il a pris l'habitude de punir l'élève qui ne réfléchit pas. — Un homme doux. — Une parole douce. — Une orange douce. — Une mule douce. — Un matelas doux. — Un citron doux. — Une robe légère. — Une barque légère. — Une voiture légère. — Une parole légère. — Il nous a dit, sans réfléchir, une parole légère. — Réfléchis lorsque tu parles pour ne pas dire une parole légère. — Tu as prononcé devant lui une parole légère. — Nous avons mangé une orange douce. — Vos oranges ne sont pas douces. — Vos citrons sont-ils très doux? — Nous sommes partis la nuit passée dans la voiture légère de votre ami. — Nous partirons ce soir dans la barque légère que les marins ont amenée sous le pont. — Les robes de soie sont toujours légères.

APPLICATION DU 7e TABLEAU

e suivi de deux consonnes se prononce *è*.
s entre deux voyelles se prononce *z*.

(Le maître exercera les élèves au tableau à l'aide de lettres mobiles.)

EXERCICE

este erte ecto erbe
erre elle erle esca
espa ecti esse erci
ette erdu enne erge
erce ervi erf erd ise
isa iso isi isoi ose
osa osi osan osoi ase
asi asoi asin asou èse
ési éso éson ousin
ousi isan esé ouse
use usa isé oise oison
oisi usi ison

MOTS ISOLÉS

1 Verte 2 vert 3 vers 4 la verdure
5 la lecture 6 la terre 7 le dessin 8 le
cresson 9 l'herbe 10 le tonnerre 11 la
tonnelle 12 une étincelle 13 la pelle 14 la
selle 15 une hirondelle 16 la chandelle
17 une tourterelle 18 une gazelle 19 le
merle 20 la perle 21 le réverbère 22 la
servante 23 la citerne 24 la veste 25 la
peste 26 la lanterne 27 une ânesse
28 la sagesse 29 la paresse 30 une ca-
resse 31 la serviette 32 une assiette
33 la pincette 34 une alouette 35 la vio-
lette 36 une allumette 37 la chienne
38 la persienne 39 la terrasse 40 la serrure 41 le couvercle 42 la perdrix 43 un
escargot 44 un estomac 45 le domestique 46 du persil 47 une asperge. —
48 Merci 49 quelque 50 quelquefois. —
51 Du sel 52 du fer 53 le ciel 54 le miel
55 le fiel 56 l'hiver 57 l'est 58 l'ouest 59 le
ver. — 60 sec 61 sèche 62 fier 63 fière

64 cher 65 chère 66 amer 67 amère. —
68 Hier 69 avant-hier 70 avec. — 71 Ce
72 cet 73 cette 74 cet homme 75 cette
femme 76 cet âne. — 77 Une rose
78 la ruse 79 cette cerise 80 cette noi-
sette 81 du basilic 82 de la tisane
83 dans la cuisine 84 mon fusil 85 ton
magasin 86 son cousin 87 notre ardoise 88 votre épouse 89 ma cousine
90 ta croisée 91 sa prison 92 notre
église 93 votre arrosoir 94 un ver lui-
sant 95 dans la misère 96 la musique
97 la caserne 98 la cloison. — 99 Désobéissant. — 100 Il a pesé 101 il pè-
sera 102 pèse. — 103 Il a désobéi. —
104 Je m'amuse 105 tu t'amuses 106 il
s'amuse 107 nous nous amusons 108 ils
s'amusent. — 109 J'accuse 110 nous ac-
cusons 111 accuse. — 112 J'ose 113 nous
osons 114 elle ose 115 ose-t-elle ? 116 Je
n'ose pas. — 117 J'arrose 118 nous ar-
rosons. — 119 Je vise 120 que vises-
tu ? 121 vise. — 122 Je pose 123 que poses-tu là ? 124 Je me repose. — 125 Nous

nous reposons 126 repose-toi 127 elle se repose.

PHRASES DÉTACHÉES

(1)

Des. Les. Ces. Mes, tes, ses, tu es, il est[1].

Un homme, des hommes; une barque, des barques; un tapis, des tapis; une histoire, des histoires.

Le père, les pères; la mère, les mères; l'ami, les amis; l'amande, les amandes.

Ce garçon, ces garçons; ce médecin, ces médecins; cette figue, ces figues; cette orange, ces oranges.

Mon livre, mes livres; ma plume, mes plumes.

Ton jardin, tes jardins; ta poule, tes poules.

Son canif, ses canifs; sa règle, ses règles; son armoire, ses armoires.

1. Dites aux élèves que *es*, dans ces monosyllabes, se prononce *é*.

Je suis, tu es, il est, elle est, nous sommes, vous êtes, ils sont.

Je suis grand	Je suis grande
Tu es grand	Tu es grande
Il est grand	Elle est grande
Nous sommes grands	Nous sommes grandes
Vous êtes grands	Vous êtes grandes
Ils sont grands	Elles sont grandes

Je suis doux. — Je suis douce. — Suis-je adroit ? — Suis-je adroite ? — Je ne suis pas méchant. — Je ne suis pas grosse. — Tu es bon, tu es bonne. — Es-tu solide ? — Es-tu propre ? — Tu n'es pas utile. — Tu n'es pas noire. — Il est pâle. — Elle est jolie. — Est-elle jolie ? — Est-il adroit ? — Pourquoi n'est-il pas blanc ? — Pourquoi n'est-elle pas riche ? — Nous sommes habiles. — Nous ne sommes pas instruits. — Sommes-nous propres ? — Vous n'êtes pas habiles. — Êtes-vous adroites ? — Ils ne sont pas longs. — Elles ne sont pas longues. —

Pourquoi ne sont-elles pas douces? — Les vaches sont utiles. — Les carafes sont vides. — Les remèdes sont inutiles. — Les malades sont pâles et tristes. — La farine est blanche et le charbon est noir. — La voile de la chaloupe est blanche. — Les murs de votre jardin sont blancs. — La nuit est longue. — Les nuits sont longues pour les malades. — La viande est rouge. — Il y a des poissons rouges et des poissons blancs. — Il y a des poules blanches et des poules noires. — Votre calotte est rouge; celle de mon frère est grise. — Ce mur est gris. — Ce pantalon est gris. — Cette robe est grise. — Cette chemise est blanche; celle de mon père est grise. — Ces habits sont longs. — Les roues de la voiture sont rondes. — La vie de l'homme est longue. — La vie du chat est courte. — La leçon est facile. — Cette page est difficile à lire. — Ces garçons ne sont pas sages.

(2)

Une balance juste. — Le poids de la balance. — Votre balance n'est pas juste. — Il a mis le poids dans la balance. — Mets ce poids dans la balance. — Il a pesé la viande dans cette balance qui n'est pas juste. — Je pèse la marchandise dans cette balance. — Pèse dans cette balance la marchandise que nous avons achetée. — Ta balance est-elle juste ? — Elle ne m'a pas paru juste. — Mets ce poids dans la balance et pèse cette marchandise. — Pèse-moi un kilo de sucre. — Nous pesons tout dans cette balance qui est très juste. — Je mets un kilo de café dans la balance : pèse toi-même. — Je pose, tu poses, il pose, nous posons, ils posent. — Que poses-tu là ? — Qu'as-tu posé dans la balance ? — Ne pose pas ce poids dans la balance. — Pose tes habits de ce côté. — Pose-les à côté de ma table. — Nous ne posons pas nos livres sur votre table parce qu'elle n'est pas propre. — Nous avons posé sur votre table un kilo de sucre que nous avons pesé dans cette petite balance. — — Pose la moitié de ce fromage dans la balance et pèse-la. — Que pèse-t-elle ? — Cette moitié pèse un kilo; celle-ci pèse un demi-kilo ou une livre. — Donne-moi un demi-kilo de sucre. — L'as-tu pesé ? — Non, je ne pèse pas le sucre dans cette balance, parce qu'elle n'est pas solide.

Un grand magasin. — Un magasin très vaste. — Ce marchand a un très grand magasin dans cette rue. — Le magasin de mon cousin est très vaste. — Mon cousin a des marchandises chères dans son magasin. — Où est le magasin de votre cousin? — Il est dans la rue qui est en face le pont. — Qu'a-t-il dans ce magasin? — Il a des marchandises de toutes les espèces. — Il a toute espèce de marchandises. — Nous avons toute espèce de marchandises chères dans notre magasin. — Nous pesons les marchandises chères dans cette petite balance de cuivre. — Nous posons toujours notre marchandise sur la table. — Il a acheté dans ce magasin une robe riche et chère pour ma mère. — Nous avons acheté dans la boutique de ce marchand, les pommes, les poires, les oranges et les figues que tu as vues sur notre table. — Les oranges et les citrons sont-ils chers? — Ils sont chers lorsqu'ils sont bons.

(3)

Avec moi. — Avec toi. — Avec lui. — Avec elle. — Avec nous. —

Avec vous. — Chez moi. — Chez elle. — Chez cette marchande. — Chez vous. — Chez ces voisins. — Avec notre voisin. — Chez notre voisine. — Avec votre petite balance. — Avec ton cousin. — Avec ce fusil. — Avec le fusil de ton voisin. — Avec mon petit fusil. — Avec la servante de notre voisine. — Avec ton domestique. — Chez le domestique de mon père. — Je suis sorti ce matin avec le domestique de mon père. — Nous sommes allés chez notre voisin. — Notre voisin est venu avec nous dans notre jardin. — Le domestique a porté nos fusils. — Nous avons tué, dans notre jardin, des pigeons avec nos petits fusils. — Ces fusils sont très bons. — Ce sont des fusils que nous avons achetés très cher l'année passée lorsque nous sommes allés à la ville. — Ce sont des fusils très solides. — Où est la servante ? — La servante est allée ce matin à la ville et n'est pas revenue. — La servante a-t-elle acheté les marchandises ? — Elle les a achetées. — Chez qui les a-t-elle prises ? — Elles les a prises chez notre marchand. — Pourquoi ne les a-t-elle pas prises chez nos voisins ? — Tu ne protèges pas tes voisins. — Tu as tort d'agir comme cela, car nos voisins sont bons pour nous. — La servante est-elle revenue du marché ? — Non, madame, elle n'est pas revenue. — Votre domestique est-il revenu du jardin ? — Oui, madame, il est revenu à midi. — Qu'a-t-il apporté du jardin ? — Il a apporté des légumes et des fruits. — Voici la servante qui est revenue de la ville. — Où est-elle ? — Elle est ici. — Dites-lui de venir. — Qu'a-t-elle acheté ? — Elle a acheté toutes sortes de légumes et de fruits. — Montre-moi ces légumes et ces fruits. — Les voici. — Que pèse ce melon ? — Ce melon pèse un kilo et demi. — Que pèsent ces poires ? — Ces poires pèsent une demi-livre. — Que pèse ce sac de farine ? — Il pèse cinquante-cinq kilos. — Pose-le derrière la porte de la cuisine. — Porte dans la cuisine ces fruits et ces légumes.

(4)

Je me repose sur mon lit lorsque je suis fatigué. — Je me repose chez nos voisins, le soir, quand ils ont fermé le magasin. — Chez qui te reposes-tu quand tu arrives à la ville ? — Je me repose dans un café. — Pourquoi ne te reposes-tu pas chez notre cousin ? — Votre cousin s'est-il reposé chez vous ? — Chez qui se repose-t-il quand il est fatigué ? — Nous nous reposons toujours à midi. — Les hommes se reposent toujours à midi pour ne pas être trop fatigués à la fin de la journée. — A la fin de la journée les servantes et les domestiques sont très fatigués et se reposent. — Je m'amuse tous les jours avec mon cousin. — Mon cousin s'amuse chaque matin avec moi. — Nous nous amusons tous devant l'école. — Les élèves s'amusent tous dans le jardin qui est derrière l'école. —Avec qui t'amuses-tu dans la rue? — Je ne m'amuse pas, mon père, je lis un livre. — Tu ne dois pas lire lorsque tu n'es pas à l'école : amuse-toi. — Amuse-toi dans le jardin avec tes cousins. — Ne t'amuse pas avec des pierres. — Ne jette pas des pierres. — Si tu jettes des pierres lorsque tu t'amuses, tu seras puni. — Le soir, lorsque nous sommes fatigués, nous nous reposons tous dans le magasin de notre voisin, le marchand de légumes et de fruits et nous nous amusons. — Lorsque tu te seras amusé, repose-toi. — Un élève obéissant. — Une servante obéissante. — Un domestique désobéissant. — Une tante désobéissante. — Cet élève est très obéissant. — Votre garçon est toujours désobéissant. — Pourquoi votre père a-t-il puni nos cousins ? — Il les a punis parce qu'ils sont toujours désobéissants : — Lorsque les domestiques sont désobéissants on les punit. — Mon ami, tu dois toujours être obéissant. — On a toujours tort de désobéir à son père. — Tu ne dois pas désobéir à ta mère qui te chérit et qui te protège. — Lorsqu'un homme nous protège comme un père, nous ne devons pas lui désobéir. — Il est triste de voir un garçon désobéir à son père ou à sa mère. — Il est triste de voir un malade désobéir à son médecin et ne pas boire les remèdes qu'il lui donne. — Tu as désobéi à ton père et à ta mère : tu seras puni et tu ne t'amuseras pas avec tes camarades. — Il est triste de voir un garçon de ton âge désobéir à tout le monde.

(5)

Un époux. — Une épouse. — Un homme jaloux. — Une épouse jalouse. — Pourquoi est-il jaloux de son frère? — Tu ne dois pas être jaloux de ta cousine. — Un bon garçon ne doit pas être jaloux de ses camarades. — L'épouse de mon voisin est jalouse de me voir venir chez vous. — Cette marchande est jalouse de voir tout le monde dans notre magasin. — Votre servante m'a paru jalouse de votre domestique. — Pourquoi est-elle jalouse de lui? — Elle est jalouse de notre domestique parce que nous lui donnons cinquante francs par mois. — Notre mère est jalouse de voir que vous êtes plus instruits que nous. — Vos tantes sont jalouses parce que nous sommes plus instruites que vous. — Tu ne dois pas être jalouse de ce que notre voisin nous a donné. — Ma bonne cousine, tu as tort d'être jalouse du livre que mon oncle m'a donné, car il n'est pas joli. — Cette épouse est jalouse de tout le monde. — Un garçon juste ne doit pas être jaloux de ses camarades. — On a toujours tort d'être jaloux de ses amis.

Quelqu'un. — Quelqu'un m'a dit cela. — Quelqu'un est venu me voir chez moi. — Quelqu'un m'a raconté cette nouvelle. — Quelqu'un nous a donné cela hier. — Quelqu'un s'est reposé chez moi hier. — Quelqu'un s'est amusé avec toi avant-hier. — Qui as-tu vu chez lui hier? — Il a vu quelqu'un dans la rue avec lui. — Nous t'avons vu dans le magasin de cette marchande avec quelqu'un. — Tu es sortide ton magasin avec quelqu'un. — Quel homme as-tu vu? — Quel livre as-tu acheté? — Avec quel poids as-tu pesé? — Dans quelle balance la marchande a-t-elle pèsé le sucre? — Quels sont les livres que vos cousins ont achetés? — Quelles sont les oranges que votre domestique a apportées?

Quelques hommes. — Quelques amandes. — Nous avons vu quelques lapins dans le bois. — Nous avons acheté quelques légumes chez cette marchande. — Votre épouse a acheté quelques poules et quelques pigeons hier soir.

Personne n'est venu. — Personne ne m'a vu. — Personne n'a ouvert la porte. — Personne n'a pris de livre dans l'armoire. — Qui est sorti du jardin? — Personne. — Qui a ouvert la porte? — Personne ne l'a ouverte. — Qui a dit ces paroles? — Nous ne savons pas; personne ne les a dites devant nous. — Personne n'est sorti de chez nous pendant la nuit. — Personne ne nous a raconté cette nouvelle.

(6)

Qui a frappé à la porte? — Personne n'a frappé. — Qui est là? — Y a-t-il quelqu'un chez moi? — Il n'y a personne. — Qui a mis ce fusil sur ma table? — Est-ce toi? — Non, mon ami, ce n'est pas moi. — Est-ce toi, mon père, qui a mis le fusil à cette place? — Oui, c'est moi. — C'est lui qui a dit cela. — C'est nous qui avons dormi dans le magasin hier. — C'est elle qui a raconté à votre cousine cette triste nouvelle. — Il est venu quelquefois me voir le mois dernier. — Il nous a écrit quelques lettres pour nous instruire de cela. — Il m'a dit quelques mots pour me prévenir. — Il sort quelquefois la nuit. — Lorsqu'il va à la ville, il achète quelquefois des marchandises chez cet homme. — Quelquefois il reste trois ou quatre jours chez nous. — Lorsque je suis chez mon oncle, le marchand, c'est moi qui pèse quelquefois la marchandise. — Vas-tu quelquefois à la ville avec ton domestique? — Je me promène quelquefois dans les rues de la ville avec mon domestique. — Nous montons quelquefois dans une barque, et nous nous promenons sur la rivière. — Nous nous sommes promenés avec lui sur la place.

Que cherches-tu là? — Je cherche quelque chose. — Quelle chose cherchent-ils? — Ils cherchent les livres qu'ils ont perdus hier. — Cherche la lettre que tu as perdue. — Où l'as-tu perdue? — L'as-tu perdue dans la rue ou sur la place. — Qu'as-tu perdu? — Qu'a-t-elle perdu? — Elle n'a pas perdu ses habits? — Nous cherchons notre mouchoir que nous avons perdu hier lorsque nous sommes revenus de la ville. — Voici le mouchoir que vos cousins ont perdu : nous l'avons trouvé devant notre magasin lorsque nous l'avons ouvert ce matin.

(7)

La servante a-t-elle préparé la table? — Non, madame, elle ne l'a pas préparée. — Dites à la servante, qui est à la cuisine, de venir me prévenir lorsqu'elle aura préparé la table. — Madame, la table est prête. — Madame, tout est prêt sur la table. — Tous les mets sont prêts. — Mon ami, nous pouvons nous mettre à table : tout est prêt. — Mange de ce melon qui est mûr. — Mange de ces légumes qui sont si bons. — Je ne mange pas de fruits. — Donne-moi du sel. — Donne-moi du poivre. — Change cette assiette. — Change cette cuillère. — Donne-moi une assiette propre. — Cette serviette n'est pas très propre : change-là. — Demande du sel à la servante : celui-ci n'est pas blanc. —

Change ce poivre qui n'est pas bon. — Désires-tu de la salade? — Mets de la salade dans mon assiette. — Le domestique a mis trop de sel et de poivre dans cette salade. — Cette salade est verte. — Celle de mon jardin est très blanche. — Cette salade est amère. — Pourquoi manges-tu la salade avec tes doigts? — Mange-la avec ta fourchette. — Change la fourchette qui est sale. — Désires-tu de la viande de mouton? — Accepte cette côtelette. — Désires-tu une tranche de gigot. — Ne mange pas vite. — Mange sans te dépêcher. — Désires-tu du miel? — Voici du miel que notre voisin nous a donné avant-hier. — Il a apporté ce miel de son jardin. — Il y a toujours du très bon miel chez lui. — Désires-tu du dessert? — Voilà de belles pommes, de belles poires, de jolis abricots, de bonnes oranges. — Donne-moi un citron doux. — Ce citron n'est pas doux. — Ce citron ne t'a pas paru doux parce que tu as mangé du miel. — Dites au domestique de me prévenir lorsque le café sera prêt. — Le café va être prêt. — Prenons le café dans le jardin. — Apporte-nous le café sous la tonnelle. — Donne-nous du sucre. — As-tu mis du sucre dans ton café? — Je mets toujours du sucre dans mon café. — Moi, je bois toujours le café sans sucre. — Je trouve le café sans sucre trop amer. — Accepte une troisième tasse de café. — S'il est froid, je ne l'accepte pas; je ne bois pas le café froid.

APPLICATION DU 8e TABLEAU

gn se prononce *gne.*
ille mouillé.
ti suivi de *i* se prononce *s* dans la plupart des mots.

EXERCICE

agne agni ogne ougne
igno igna ugne ognan
ogné ègne oigne oignan
ille aille ailla ailli eille
ouille eil ouillon aillou
ail ation otion ition

MOTS ISOLÉS

1 Une épargne 2 un oignon 3 une ligne 4 un signe 5 un règne 6 une poignée 7 une cognée 8 le rossignol 9 digne 10 borgne 11 ignorant 12 il sai-

gne. — 13 La fille 14 la bille 15 la famille 16 la chenille 17 l'aiguille 18 l'anguille 19 la jonquille 20 une vrille 21 une grille 22 le soleil 23 une oreille 24 la corbeille 25 la treille 26 la groseille 27 une corneille 28 l'oseille 29 l'abeille 30 la bouteille 31 la merveille 32 il veille 33 il s'éveille 34 il brille 35 l'ail 36 le corail 37 le bail 38 la paille 39 la caille 40 vos tenailles 41 vos entrailles 42 un caillou 43 le brouillard 44 un vieillard 45 la paillasse 46 le bouillon 47 la cuillère 48 la grenouille 49 la rouille 50 le papillon 51 le sillon 52 il dépouille 53 il se mouille. 54 Une bataille.

55 Je gagne 56 tu gagnes 57 nous gagnons. 58 J'épargne 59 nous épargnons. 60 Il m'a égratigné. 61 Il s'éloigne 62 nous nous éloignons. 63 Je témoigne 64 nous témoignons. — 65 Une location 66 une action. — 67 La direction 68 la récitation 69 une situation 70 une condition 71 l'instruction 72 une explication 73 une interrogation 74 une

punition 75 une nation 76 une potion 77 la réputation 78 une minutie 79 une fonction.

(1)

Le soleil brille. — La lune brille dans le ciel. — Les étoiles brillent la nuit. — Ces étoiles sont brillantes. — La lumière brille à la croisée. — Le ciel est couvert de nuages. — Nous avons vu des nuages dans le ciel. — La montagne est couverte de nuages. — La montagne est éloignée de la ville. — Les montagnes sont toujours couvertes de nuages. — Nous ne sommes pas éloignés de la ville. — Mon village n'est pas éloigné de la ville. — Mon village est dans cette montagne qui vous a paru éloignée. — Nous ne pouvons pas voir votre village parce que la montagne est cachée par les nuages.

Votre petite fille est jolie. —

Votre fille nous a plu parce qu'elle est polie. — Cette mère chérit sa fille parce qu'elle est polie avec tout le monde. — La fille de notre voisin est bonne. — Tout le monde admire cette fille qui chérit sa mère et protège ses frères. — Cette fille s'éveille chaque matin avant sa mère et prépare la nourriture pour tout le monde. — Lorsqu'elle a tout préparé, elle se met à coudre. — Elle raccommode le linge de la famille. — Elle raccommode les bas, les pantalons et les chemises de ses frères. — C'est elle qui taille les habits de la famille. — C'est cette fille qui raccommode le linge de son père et de sa mère. — J'admire cette fille qui ne se repose que le soir. — C'est elle qui nourrit tout le monde par son travail. — Elle chante lorsqu'elle travaille devant sa croisée. — Lorsqu'elle est fatiguée de coudre, elle va à la rivière et lave le linge de sa famille. — Cette fille est digne d'admiration. — Les actions de votre fille sont dignes d'admiration. — Que le ciel la protège! — Elle est digne de notre protection.

Je travaille avec mon voisin. — Chez qui travailles-tu? — Pourquoi ne travailles-tu pas dans le jardin? — Votre domestique travaille mal. — Son travail ne m'a pas plu. — Si nous travaillons mal nous serons punis. — Les élèves qui travaillent mal ont des punitions. — Je donne des punitions à mes filles lorsqu'elles travaillent mal. — Pourquoi m'as-tu donné cette punition? — Parce que tu travailles mal.

(2)

Je gagne toujours lorsque je joue avec toi. — Tu gagnes quelquefois lorsque tu joues avec lui. — Celui qui joue avec lui perd toujours. — Nous gagnons chaque jour notre nourriture. — Que gagnent-ils par jour? — Ces domestiques gagnent trois francs par jour. — Mon père gagne dix francs par jour et moi je ne gagne que cinq francs. — Lorsque nous travaillons chez votre voisine nous gagnons chacun quatre francs par jour. — L'année passée nous sommes allés à la ville voisine; nous avons travaillé trois mois chez votre cousin et nous avons gagné chacun quatre-vingt-cinq francs par mois. — J'épargne chaque jour la moitié de ce que je gagne. — Si tu épargnes la moitié de ce que tu gagnes, tu seras vite riche. — L'homme est toujours riche quand il épargne une partie de ce qu'il gagne. — Épargne chaque mois une partie de ce que tu gagnes et tu seras vite riche. — L'homme qui travaille avec courage, qui épargne chaque année une partie de ce qu'il gagne, ne tarde pas à être riche. — Quand on épargne une partie de ce qu'on gagne, on arrive vite à la richesse.

La mère de notre voisin est vieille. — Votre tante est vieille. — Notre voisine est très vieille : elle est âgée de quatre-vingt-dix ans. — Notre oncle est un vieillard âgé de quatre-vingts ans. — Tout homme âgé de quatre-vingts ans est un vieillard. — On doit toujours croire les vieillards. — Mon garçon, protège et respecte les vieillards. — Les vieillards sont dignes de respect. — Ce vieillard est malade; sa fille le veille et le soigne. — Lorsqu'il s'éveille elle lui donne à boire, avec une cuillère, la potion que le médecin lui a ordonnée. — Quelle maladie a ce vieillard? — Il a mal à l'estomac et à la poitrine. — Il a mal à l'oreille. — Où est la potion qu'il doit boire?

— Elle est dans cette petite bouteille qui est sur la croisée. — Soigne-le avec courage. — Veille auprès de lui toutes les nuits. — Donne-lui à boire de sa potion chaque fois qu'il s'éveille. — Ne parle pas lorsqu'il sommeille. — Donne-lui du bouillon s'il demande à boire. — J'admire avec quel courage tu soignes ta vieille mère malade.

(3)

La rouille ronge le fer. — Votre canif est couvert de rouille. — Pourquoi as-tu acheté ce fusil tout rouillé ? — N'achète pas ce sabre qui est couvert de rouille. — La poignée de ce sabre est en or. — La poignée de votre sabre est toute rouillée parce qu'elle est en fer. — Le fer se rouille lorsqu'on le mouille. — Ton canif s'est rouillé parce que tu l'as mouillé. — Essuie ton fusil qui est mouillé sinon il se rouillera. — Notre fusil est resté dehors à la pluie; il s'est mouillé et s'est rouillé. — Il s'est mouillé dans la rivière. — Nous avons mouillé nos habits dans la rivière. — Essuie mes habits qui sont tout mouillés. — La pluie mouille les habits.

Je me suis éloigné de lui. — Il s'est éloigné de moi. — Nous nous sommes éloignés de la ville. — Ne t'éloigne pas du village. — Promène-toi du côté de la montagne. — Ne t'éloigne pas. — Si tu t'éloignes, ton père se fâchera. — N'écoutons pas ce que ces hommes disent; éloignons-nous. — Ne restons pas sur la place; éloignons-nous, sinon la pluie mouillera nos habits.

Cet homme est savant, et celui-ci est ignorant. — Il y a des savants dans cette ville. — Tous les hommes de ce village sont ignorants;

ils ne savent ni lire, ni écrire. — Les hommes de la France ont la réputation d'être tous instruits. — Quelques-uns sont de grands savants. — La France protège partout les savants. — On respecte partout les savants. — Mon garçon, ne reste pas ignorant si tu désires qu'on te respecte. — Travaille avec courage pour devenir savant. — Travaille avec courage pour t'instruire, car si tu restes ignorant tu ne gagneras pas ta vie. — La vie est courte pour l'ignorant; elle est toujours longue pour le savant. — Le savant demande toujours des explications lorsqu'il ignore une chose; l'ignorant croit toujours tout savoir. — Les savants donnent toujours de bonnes explications. — Une supposition d'un homme savant a plus de prix qu'une affirmation d'un homme ignorant. — La supposition d'un homme instruit a toujours du prix. — L'affirmation d'un ignorant n'est pas toujours écoutée.

(4)

Mon père, mon frère, mon cousin et moi nous sommes éveillés de grand matin. — Nous sommes sortis de la ville avant le jour. — Mon cousin me dit, lorsque nous fûmes dehors : « Regarde les étoi-
« les qui brillent dans le ciel. —
« Les étoiles du ciel sont jolies
« lorsqu'elles brillent. — La lune
« brille plus que les étoiles. — Que
« le ciel est joli la nuit! » — Le soleil s'est levé lorsque nous étions dans la campagne. — La campagne est belle le matin quand le soleil se lève. — Les montagnes voisines nous ont paru toutes rouges. — Le soleil nous a paru sortir de ces montagnes. — Mon frère s'est arrêté sous un arbre et m'a dit :

« Écoute le rossignol qui chante « dans les branches de cet arbre. « — Comme le rossignol chante « avec force! — Le rossignol ne « chante plus lorsque le soleil « brille. » — Le chant du rossignol nous a plu à tous. — Nous avons vu les papillons et les insectes sortir de leurs cachettes. — Les papillons sont rouges, roses, blancs, gris, noirs. — Nous avons admiré ces jolis papillons. — Mon cousin s'est arrêté devant un tas de paille et m'a dit : « Vois ce « papillon tout rouge posé sur ce « brin de paille. — Approche-toi « de lui sans bruit et attrape-le. » — Nous avons attrapé ce joli papillon avec nos doigts. — Les papillons sont utiles; nous ne devons pas les détruire. — « Lâche ce « papillon que tu as attrapé, » me dit mon père. — « Vois ces abeilles « qui volent près de nous. — Elles

« travaillent. — Les abeilles font
« le miel. — Les habitations des
« abeilles s'appellent des ruches. —
« Les abeilles ne se reposent que
« le soir. — Cet homme que nous
« apercevons là-bas travaille depuis
« le matin : il laboure sa terre. —
« Sa charrue trace les sillons. —
« On laboure la terre avec des
« charrues et les lignes que font
« les charrues s'appellent des sil-
« lons. — C'est un cheval qui tire
« la charrue de cet homme. — Les
« vaches tirent quelquefois la char-
« rue avec force. — L'homme qui
« travaille là-bas est fatigué; il est
« tout mouillé de transpiration. —
« Il est mouillé parce qu'il travaille
« avec courage; il ne s'amuse pas,
« il ne se repose pas. — Quand
« nous serons de retour à la ville
« nous travaillerons avec courage
« comme cet homme, comme l'a-
« beille, comme le bûcheron que

« nous allons voir dans la forêt « voisine. » — Voilà les paroles que notre père nous a dites. — Nous l'avons écouté pour retenir ce qu'il a dit. — Nous avons trouvé le bûcheron dans la forêt assis sous un arbre. — Mon père lui parla avec bonté et lui dit : « Tu te re- « poses; tu es sans doute fatigué « car tu travailles toujours avec « courage. — Oui, répondit-il, je « me repose, car je suis très fati- « gué. — Nous avons coupé ce ma- « tin trois arbres, moi et mon voi- « sin; nous avons taillé les bran- « ches avec nos cognées; nous « allons les mettre sur cette voi- « ture et nous les porterons à la « ville. — Nous gagnerons, de cette « façon, de quoi nourrir notre fa- « mille. » — « Quelle triste si- tuation que celle de ces hommes, nous dit notre père! — Ils travail- lent toute la journée et ils ne gagnent pas toujours une somme suffisante pour nourrir leur famille. — J'admire ces bûcherons qui travaillent avec courage depuis le matin jusqu'à la nuit; qui taillent les petites et les grosses branches avec leurs cognées et qui les portent sur le dos jusqu'à la ville. — Ces bûcherons sont dignes d'admiration; ils méritent qu'on les protège. » — Après les avoir quittés, nous sommes revenus tous les quatre à la ville.

APPLICATION DU 9e TABLEAU

SONS ÉQUIVALENTS

è **ai ei** **ay ey** **et ez es er**	**o** **au** **eau**	**e** **eu** **œu**	**oi** **oy**
an **en**	**in** **ain ein** **en ien**	**on** **an** **in** **un** **en**	Dans ces diphtongues la lettre **n** se change en **m** devant les consonnes **b**, **p**, **m**, *omb*, *amb*, *imb*, *umb*, *omp*, *amp*, *emb*, *emp*, etc.
oin		**f** = **ph**	

MOTS ET PHRASES

1 La raison 2 la maison 3 la saison 4 la craie 5 la plaie 6 une fraise 7 une braise 8 une

chaise 9 une punaise 10 du lait 11 le balai 12 le palais. — 13 La chaîne 14 la graisse 15 la librairie 16 la maîtresse. — 17 J'ai bu du vinaigre. — 18 Tu as mangé une châtaigne 19 j'ai acheté du raisin. — 20 J'ai vu un aigle voler dans les airs. — 21 J'ai acheté la semaine dernière un dictionnaire et une grammaire chez le libraire. — 22 J'ai bu à la fontaine de l'eau fraîche et claire. — 23 Mon frère aîné a été malade ; il est faible et maigre. — 24 Ce raisin est aigre ; il ne doit pas vous plaire. — 25 Il est nécessaire que tu me laisses régler cette affaire. — 26 As-tu vu l'éclair traverser les airs ? — 27 Jamais je n'ai vu une araignée aussi laide. — 28 Mon maître possède une prairie dans la plaine. — 29 Jamais je n'ai vu cette prairie. — 30 Le portefaix a-t-il apporté le raisin frais que j'ai acheté ?

31 La neige 32 le peigne 33 la baleine. 34 la veine 35 le poulet 36 le mulet 37 le pistolet 38 le bracelet 39 le fouet 40 le soufflet 41 le perroquet 42 le robinet 43 le chardonneret 44 le gilet 45 le minaret 46 le navet 47 le nez 48 le pied 49 le papier 50 le cahier 51 le berger 52 l'escalier 53 le palmier 54 le bijoutier 55 le boucher 56 le boulanger 57 le cordonnier.

58 J'ai voulu acheter des fraises chez le jardinier mais il n'avait ni fraises ni raisin.

59 Les menuisiers, les serruriers, les forgerons et les maçons exercent des métiers utiles.

60 Ces enfants voudraient savoir jouer.

61 Je voudrais pouvoir aller vous voir la semaine prochaine.

62 Ces élèves sont reconnaissants : ils voudraient pouvoir donner un souvenir à ce maître qui les a instruits.

63 Mes amis, montrez-vous toujours reconnaissants et aimez les maîtres qui vous ont instruits.

64 Donnez à cet ouvrier le salaire qu'il a gagné avec tant de peine.

65 Vous me faites de la peine. 66 Tu me fais de la peine.

67 Pourquoi fais-tu de la peine à ton maître ?

68 Le peuplier est un arbre sans fruits ; le cerisier au contraire est un arbre fruitler.

69 J'ai vu travailler des ouvriers chez ce bijoutier.

70 J'ai acheté un crayon dans cette librairie.

71 J'ai employé l'argent que mon maître m'a donné à acheter des livres.

72 La France est un joli pays.

73 Les paysans habitent la campagne.

74 Votre chienne a aboyé lorsqu'elle m'a vu sortir de chez vous.

75 Cet homme est pauvre.

76 Ce garçon est beau.

77 Ce chameau est haut.

78 Ce rideau est jaune.

79 Ce livre est nouveau.

80 Cette femme est chauve.

81 J'ai vu dans la plaine un troupeau d'agneaux et de chevreaux.

82 Les agneaux sont les petits des brebis et les chevreaux les petits des chèvres.

83 Les taureaux, les veaux et les vaches sont des animaux domestiques.

84 On fait des chaussures avec la peau des animaux et surtout avec celle des veaux, des chevreaux, des vaches et des taureaux.

85 Le corbeau, le moineau et la fauvette sont des oiseaux.

86 J'ai mangé aujourd'hui des artichauts en sauce.

87 Cette maison a été blanchie aujourd'hui à la chaux.

88 Aujourd'hui je suis content de votre travail.

89 Mes parents sont contents de moi parce que j'ai été attentif en classe.

90 Mon enfant, si tu es intelligent, tu apprendras vite la langue française; mais il faut être attentif en classe et écouter en silence les paroles de ton maître.

91 Cet enfant a mal aux dents.

92 J'ai mal aux dents.

93 Cet élève a mal au ventre; faites-lui boire de l'eau de menthe.

94 Entendez-vous souffler le vent avec violence?

95 Oui, monsieur, je l'entends: c'est une tempête.

96 Prends cette plume et cet encrier et écris lentement ce que je vais te dicter.

97 Parlez doucement et poliment.

98 Écoutez attentivement lorsque vous êtes en classe si vous voulez entendre les paroles de votre maître.

99 Le vaisseau avance lentement poussé par un vent faible.

100 Les aiguilles de la pendule avancent lentement aussi.

101 Le serpent est un animal venimeux.

102 Les enfants sont souvent peu studieux; quelquefois même ils sont très paresseux.

103 Si vous voulez être heureux ne soyez pas orgueilleux.

104 Si vous êtes paresseux, vous serez malheureux.

105 Il est honteux d'être peureux.

106 Dans les grandes villes on rencontre des ouvriers travaillant à toutes sortes de métiers ; on voit des imprimeurs, des meuniers, des coiffeurs, des chapeliers, des brodeurs, des épiciers, des relieurs, des tailleurs, des armuriers, des tanneurs, des tourneurs, des selliers, etc., etc. (*et cœtera*).

107 Dans une maison on trouve toutes sortes de meubles et d'instruments : des bureaux, des chaises, des fauteuils, des seaux, des fourneaux, des canapés, des lits, des marteaux, des scies, des ciseaux, etc., etc.

108 Le feu donne de la chaleur.

109 Une femme veuve est une femme qui

a perdu son mari ; un homme dont la femme est morte est veuf.

110 Le neveu est le fils de la sœur ou du frère.

111 La fille de la sœur ou du frère s'appelle une nièce.

112 Il ne faut pas avoir peur.

113 Quelle heure est-il à votre pendule ?

114 Il n'est pas encore deux heures.

115 La poule a pondu un œuf.

116 Aimez-vous les œufs ?

117 Tous les oiseaux pondent des œufs.

118 Aimez-vous la chair de bœuf ?

119 Voulez-vous manger du bœuf bouilli ?

120 J'ai vu passer un troupeau de bœufs.

121 Les bœufs sont très utiles aux laboureurs parce qu'ils traînent lentement et patiemment la charrue.

122 Les arbres sont couverts de feuilles au printemps.

123 C'est également au printemps que les plantes sont couvertes de fleurs.

124 J'aime beaucoup l'odeur et les couleurs variées des fleurs.

125 Il y a des fleurs rouges, des fleurs jaunes et des fleurs bleues.

126 Ce pauvre homme est bien malheureux : il est à la fois aveugle et boi-
teux.

127 Bien 128 un chien 129 un lien 130 un mu-
sicien 131 je tiens 132 tu tiens 133 il tient
mien 135 le tien 136 le sien. — 137 Une main
138 un bain 139 un grain 140 un pain 141 un
poulain 142 un homme vilain 143 un tonneau
plein de vin 144 une ceinture 145 un peintre
146 une peinture 147 un teinturier. — 148 Du
foin 149 un coin 150 un coing 151 le poing 152 il
a besoin de soins 153 un point 154 loin
155 moins 156 il joint 157 je joins 158 tu joins.

159 J'ai besoin d'un bon chien pour aller
à la chasse. — 160 Voulez-vous le mien ? —
— 161 Je veux bien le prendre ; mais je ne
vous le rendrai que demain. — 162 Peu
importe ; seulement ayez soin qu'il ne se
perde point.

163 Ce teinturier a besoin de couleurs
pour teindre ces vêtements.

164 Dites au teinturier d'avoir bien soin
de teindre ma ceinture en rouge.

165 J'ai bien mal à la main : j'ai besoin de
beaucoup de soins si je veux être guéri dans
vingt jours.

166 Votre pauvre sœur a bien mal à la jambe. Dites-lui de rester dans sa chambre, de marcher le moins possible et de ne pas aller loin. Elle a besoin de beaucoup de soins.

167 Le pharmacien vend des médicaments; son magasin s'appelle une pharmacie.

168 Un vent doux et agréable se nomme zéphyr.

169 L'éléphant est certainement l'animal le plus gros et le plus intelligent.

170 On appelle phare une sorte de grande tour que l'on construit sur le rivage ou sur les rochers dangereux. Au haut du phare on place, la nuit, une lumière qui guide les vaisseaux.

171 L'alphabet est la réunion des lettres qui servent à représenter les mots d'une langue.

172 Le phoque ou veau marin est un animal amphibie, c'est-à-dire qui peut vivre dans l'eau et hors de l'eau.

173 La phrase est une réunion de mots formant un sens clair et complet.

174 La réunion de plusieurs phrases forme un paragraphe.

175 Le signe qui a cette forme ' et que

vous avez déjà vu employer si souvent se nomme apostrophe.

176 Un phénomène est une chose extraordinaire.

177 Lorsque vous écrirez la langue française sans vous tromper, vous saurez l'orthographe.

178 Hier la maison de notre voisin s'est écroulée ; quinze personnes ont été tuées et dix blessées. Cet accident s'appelle une catastrophe.

179 Le navire que vous avez vu partir hier s'est brisé contre un rocher sur lequel on n'a construit aucun phare. Tous les passagers se sont noyés. Ce grand malheur s'appelle encore une catastrophe.

180 Le télégraphe sert à envoyer au loin des nouvelles. La télégraphie est une des inventions les plus merveilleuses et les plus utiles de notre siècle.

QUELQUES EXERCICES

DE LECTURE COURANTE

---

(1)

La Leçon de lecture.

Mes enfants, prenez vos livres. — Ouvrez le livre à la page 35. — Commencez à lire. — Lisez doucement. — Lisez moins vite. — Lisez plus vite. — Lisez bien. — Vous ne savez pas encore bien lire. — Vous ne prononcez pas bien. — Vous prononcez mal. — Recommencez. — Vous ne savez pas encore bien prononcer cette lettre. — Prononcez ce mot. — Recommencez encore une fois. — Cette fois vous avez bien prononcé. — Continuez. — Lisez à haute voix. — Ne criez pas. — Vous lisez trop haut. — Lisez bas. — Arrêtez-vous à la fin de la phrase. — C'est bien : assez. — A vous maintenant, mon enfant.

— Recommencez ce paragraphe. — Vous avez bien lu : je suis content de vous. — Traduisez maintenant. — Traduisez mot par mot. — Traduisez toute la phrase. — Vous ne savez pas traduire. — Vous ne comprenez pas. — Avez-vous compris ? — Non, vous n'avez pas compris. — Si, Monsieur, j'ai bien compris. — J'ai compris toute la phrase, excepté un seul mot. — Quel est le mot que vous ne comprenez pas ? — Vous ne pouvez pas comprendre ; vous ne savez jamais votre leçon. — Lisez à votre tour, mon jeune ami. — Vous ne suivez pas. — Pourquoi ne suivez-vous pas ? — Il faut tous suivre lorsqu'un de vos camarades lit. — Si vous ne suivez pas, je vous punirai. — Votre camarade s'est arrêté à la ligne 9. — Suivez, mes enfants, avec le doigt. — Ne tenez pas votre livre à la main ; posez-le sur la table. — Levez-vous ; vous lirez debout et vous tiendrez votre livre à la main. — Prononcez bien chaque syllabe. — Épelez les lettres contenues dans ce mot. — Ouvrez la bouche et articulez bien les syllabes. — La phrase est finie. — Le paragraphe est fini. — La page est finie. — Tournez la page. — Comment appelle-t-on ce signe? — C'est une virgule (,); c'est un point (.); c'est un point et virgule (;); c'est un point d'interrogation (?); c'est un point d'exclamation (!). — Arrêtez-vous : la leçon est finie. — Fermez vos livres et rangez-les.

(2)

La leçon d'écriture.

Prenez vos ardoises pour écrire. — Prenez vos crayons d'ardoise. — Taillez vos crayons. — Votre crayon n'est pas bien taillé; donnez-le-moi, je vous le taillerai. — Écrivez doucement. — Commencez à écrire. — N'écrivez pas vite. — Suivez votre modèle. — Imitez bien le modèle. — Tenez bien le crayon. — N'appuyez pas sur votre crayon. — Allez écrire au tableau. — Prenez un morceau de craie. — Écrivez ce mot. — Écrivez droit. — Vous n'écrivez pas droit. — Écrivez les lettres majuscules. — Formez bien chaque lettre. — Appuyez un peu sur la craie. — Allez vous asseoir. — Retournez à votre place. — Prenez vos cahiers et vos plumes. — Ré glez la page. — Prenez votre règle et votre crayon pour régler la page. — Où est votre cahier? — Monsieur, je l'ai oublié. — Pourquoi l'avez-vous oublié ? — Vous serez puni. — Prenez cette feuille de papier. — Réglez-la. — Imitez tous le modèle que j'écris au tableau noir. — Vous avez mal fait cette lettre majuscule. — Votre écriture est trop grosse. — Pourquoi appuyez-vous sur la plume ? — Vous prenez là une mauvaise habitude. — Vous avez cassé votre plume parce que vous avez l'habitude de trop appuyer dessus. — Il faut prendre l'habitude de ne pas appuyer sur votre plume. — Voici une plume neuve. — Merci, Monsieur; je vais prendre l'habitude de ne plus appuyer sur ma plume. — Vous ferez bien, si vous voulez arriver à bien écrire. — Vous prenez trop d'encre. — Vous enfoncez trop votre plume dans l'encrier. — Vous vous salissez les doigts. — Votre écriture est fine. — Votre écriture est belle. — Votre écriture me plaît. — Votre cahier est propre. — Le vôtre est sale, mon enfant. — Vos mains sont tachées d'encre. — Mes enfants, posez vos plumes. — La leçon d'écriture est terminée.

— Ne fermez pas vos cahiers : laissez sécher l'encre. — Bouchez les encriers. — Fermez maintenant vos cahiers et rangez-les.

(3)

La leçon de calcul.

Maintenant nous allons calculer. — Comptez de un à vingt. — Commencez, vous, mon ami. — Allez doucement. — Ne comptez pas vite. — Il ne faut pas compter vite. — Comptez tous ensemble. — Arrêtez-vous. — Cessez. — Recommencez tout seul. — Vous mettrez un nom après chaque nom de nombre. — Bien, Monsieur : un homme, deux enfants, trois femmes, quatre filles, cinq élèves, six écoles, sept maisons, huit chambres, neuf portes, dix fenêtres, onze moutons, douze bœufs, treize vaches, quatorze mulets, quinze chevaux, seize livres, dix-sept plumes, dix-huit cahiers, dix-neuf crayons et vingt encriers. — C'est bien ; vous ne vous êtes pas trompé. — Je suis content de vous. — Je vous récompenserai. — A vous, mon enfant ; comptez par dizaine et mettez un nom après chaque dizaine. —

Tâchez de ne pas vous tromper. — Je tâcherai, Monsieur, de ne pas me tromper. — Dix fois, vingt fois.... — Arrêtez-vous, mon enfant, je ne veux pas qu'on répète le même nom; il faut changer le nom chaque fois. — Bien, Monsieur, je vais recommencer: dix fois, vingt jours, trente heures, quarante pains, cinquante oranges, soixante navires, soixante-dix soldats, quatre-vingts arbres, quatre-vingt-dix villages, cent villes. — C'est bien. — A vous. Allez au tableau noir; écrivez deux nombres; additionnez-les. — Faites une addition. — Bien, Monsieur; je dirai: 5 et 3 font 8; 8 et 9 font 17. — Quel est le total? — Faites maintenant une soustraction; dites: 12 moins 5 ou 5 ôtés de 12, il reste 7. — Assez; cela suffit. — Vous pouvez aller à votre place.

(4)

La leçon de langage.

Nous allons causer un peu en français.— Je vais vous faire une leçon de langage. — Venez ici, mon ami, et répondez aux questions que je vais vous poser. — Quel est cet objet que j'ai posé sur la table ? — Monsieur, c'est une maison. — Comment est cette maison ? — Elle est petite. — Est-elle jolie ? — Oui, monsieur, elle est jolie. — Vous plaît-elle ? — Oui, monsieur, elle me plaît beaucoup. — Montrez-moi une fenêtre. — Montrez-moi la porte de a maison. — Combien y a-t-il de fenêtres ? — Il y en a six. — Combien y a-t-il de portes ? — Il n'y en a qu'une seule. — Où est le toit de la maison ? — Il est en haut : le voici. — Où est la cheminée ? — La voici, au-dessus du toit. — Montrez-moi le balcon. — Qu'y a-t-il sur le toit ? — Il y a des tuiles. — Vous ne prononcez pas bien ce mot : recommencez-le. — Ouvrez la bouche pour mieux prononcer. — Quelle est la couleur des murs ? — Les murs sont blancs. — Quelle est la couleur des tuiles ? — Les tuiles sont rouges. — Quelle est la couleur des fenêtres ? — Les fenêtres sont grises. — C'est bien : allez à votre place. — Venez ici à votre tour. — Approchez-vous de ma table. — Comment s'appelle ceci ? et cela ? et cela ? — Où sont les tuiles ? Sont-elles blanches ? — Non, monsieur, elles sont rouges. — Avec quoi les fait-on ? — Je sais, monsieur, avec quoi on fait les tuiles, mais je ne connais pas le mot français. — On fait les tuiles avec de l'argile. — Qui bâtit les maisons ? — Le maçon. — Qui fait les fenêtres et les portes ? — Le menuisier. — Avec quoi ouvre-t-on et ferme-t-on les portes ? — Avec les clefs. — Qui fait les clefs et les serrures ? — Le serrurier. — Avec quoi blanchit-on les murs ? — Avec de la chaux. — Qui peint les fenêtres et les portes ? — Le peintre. — Avec quoi ? — Avec des couleurs. — Avec quoi fait-on les fenêtres et les portes ? — Avec du bois. — Avec quoi fait-on les serrures et les clefs ? — Avec du fer. — Avec quoi bâtit-on les maisons ? — Avec des pierres, du sable et de la chaux. — Vous avez bien répondu : allez à votre place. — Vous allez répéter tous ensemble les phrases que je vais vous dire : ma maison est petite, mais elle est belle ; ta maison est petite, mais elle est belle, etc. — Cette maison est à moi ; cette maison est à toi ; cette maison est à lui ; etc. — Cette maison m'appartient ; cette maison t'appartient ; cette maison lui appartient ; etc.

— Voici la maison que j'ai achetée; voici la maison que tu as achetée; etc. — La maison que j'habite ne me plaît pas; la maison que tu habites ne te plaît pas; la maison qu'il habite ne lui plaît pas; les maisons que nous habitons ne nous plaisent pas; les maisons que vous habitez ne vous plaisent pas; les maisons qu'ils habitent ne leur plaisent pas. — J'ouvre la porte et je ferme la fenêtre; tu ouvres la porte et tu fermes la fenêtre; etc.

(5)

Les animaux; leurs cris.

Les animaux sont très nombreux à la surface du globe. — On les divise en animaux sauvages et animaux domestiques ou apprivoisés. — Les animaux sauvages sont ceux qui vivent loin de l'homme. — Il y en a de féroces, tels que le lion, le tigre, la panthère, la hyène, le léopard, l'ours, le lynx et le loup qui ne craignent pas d'attaquer l'homme. — Parmi les animaux sauvages qui ne sont pas féroces, on peut citer la gazelle, l'antilope, le lapin, le lièvre et le cerf. — Les animaux domestiques sont ceux qui vivent avec l'homme et qui lui sont utiles, comme les chevaux, les mulets, les bœufs, les ânes, les moutons, les porcs, les chats, les chiens, etc.

Quelquefois, dans la même langue, on a un mot particulier pour désigner le mâle de certains animaux et un autre pour désigner la femelle. — Ainsi la poule est la femelle du coq; la vache est la femelle du taureau; la jument est la femelle du cheval; la brebis, celle du bélier; la truie, celle du porc; l'ânesse, celle de l'âne, etc.

Le petit de la lionne se nomme lionceau; le petit de la jument s'appelle poulain; celui de la brebis se nomme agneau. — Le poussin est le petit de la poule; le veau, celui de la vache; le chevreau, celui de la chèvre.

Les cris des animaux sont désignés à l'aide de mots particuliers; voici quelques exemples :

Le cheval hennit; son cri s'appelle hennissement;

Le taureau mugit; son cri s'appelle mugissement;

Le lion rugit; son rugissement est effrayant;

Le mouton bêle et la vache beugle;
Le chien aboie et le chat miaule;
Les oiseaux chantent et gazouillent;
L'âne brait ainsi que le mulet;
La poule glousse pour appeler ses poussins ;
Le corbeau croasse et la grenouille coasse ;
Les insectes tels que l'abeille, la mouche, la guêpe, bourdonnent.

(6)

Emploi des choses.

Un couteau sert à couper; une scie sert à scier; une lime à limer et une hache à fendre le bois.

Lorsqu'on veut écrire, on se sert d'une plume que l'on trempe dans un liquide appelé encre.

On écrit ordinairement sur du papier que l'on règle avec une règle et un crayon.

Un arrosoir sert à arroser.

Une brosse sert à brosser les habits pour en enlever la poussière et les taches.

Les outils dont on se sert dans un jardin sont la bêche, la pelle, la pioche, le râteau et la binette.

Pour couper les branches d'arbres, on emploie la serpette et le sécateur.

Les ciseaux servent à couper les étoffes que l'on coud avec du fil et des aiguilles. — On pousse l'aiguille avec le dé.

Le fouet sert à fouetter les chevaux.

La charrue sert à remuer la terre.

On monte dans les voitures, dans les wagons et dans les bateaux pour faire des voyages.

On met du café dans la cafetière, du sucre dans le sucrier, du sel dans la salière.

On fait cuire les aliments dans les marmites et les casseroles que l'on met sur des fourneaux.

On ouvre la serrure avec une clef et l'on ferme une porte en poussant le verrou.

Le linge avec lequel on s'essuie lorsqu'on s'est lavé la figure et les mains ou lorsqu'on mange se nomme une serviette.

(7)

Le travail.

Jeunes enfants, si vous voulez bien regarder autour de vous, vous verrez que tous les êtres travaillent dans la nature. — Cette hirondelle, que vous apercevez près de ce ruisseau, pétrit de la boue avec laquelle elle bâtit son nid; cet autre oiseau ramasse des crins et de la laine pour construire le sien. — Ces abeilles, qui voltigent sur les fleurs, les sucent pour faire leur miel dans la ruche. — Ces fourmis, qui courent à vos pieds, remplissent de provisions leur demeure souterraine. — Ces bœufs, que vous apercevez au loin, traînent péniblement la charrue pour labourer la terre. — Le chien garde la maison ou surveille le troupeau ; le cheval traîne les chariots et les voitures; le mulet porte de lourds fardeaux. — Les hommes aussi vous donnent l'exemple du travail : le boulanger pétrit la pâte dans le pétrin pour faire le pain qu'il cuit ensuite dans le four; le jardinier cultive son jardin pour avoir des légumes; le maçon construit les maisons; le menuisier fait des portes, des fenêtres et toutes sortes de meubles; le forgeron bat le fer sur l'enclume et fabrique un grand nombre d'instruments utiles; en un mot, tous les hommes travaillent. — Aussi, mes chers enfants, travaillez vous-mêmes avec courage afin de vous instruire et de ne pas être traités de paresseux.

(8)

Les 4 points cardinaux.

Les 4 points cardinaux sont l'*est*, le *midi*, l'*ouest* et le *nord*.

L'*est* est le côté où le soleil paraît, le matin, où il semble se lever. — C'est pour cette dernière raison que l'*est* se nomme aussi *levant* ou *orient*.

L'*ouest* est le côté où le soleil semble se coucher le soir. — Il s'appelle encore *couchant* ou *occident*. — Lorsqu'on a l'*est* à sa droite et l'*ouest* à sa gauche, on fait face au *nord* et l'on a le *midi* ou *sud* derrière soi.

L'horizon est l'endroit où se termine la

vue, où le ciel et la terre semblent se toucher.

La terre tourne sur elle-même de l'*ouest* à l'*est*.

S'*orienter* signifie chercher la direction des 4 points cardinaux dans le lieu où l'on se trouve ou, plus exactement, chercher l'*orient*.

Lorsqu'un voyageur se perd au milieu d'un pays désert ou au milieu de la mer, il est obligé de s'*orienter* pour retrouver sa route.

La boussole est un petit instrument ressemblant à une montre, dont l'aiguille prend toujours la direction du *nord*.

(9)

Les semaines, les mois, les années et les heures.

Dans une semaine il y a 7 jours qui portent chacun un nom différent : dimanche, lundi, mardi, mercredi, jeudi, vendredi et samedi.

Dans un mois, il y a 4 semaines et 2 ou

3 jours; dans une année, il y a 52 semaines et 1 ou 2 jours.

Il y a donc 30 ou 31 jours dans un mois, 12 mois dans une année et 7 jours dans une semaine.

Un siècle est une période de 100 années.

Dans un jour il y a 24 heures; dans une heure il y a 60 minutes, et dans une minute 60 secondes.

Dans une année, il y a 365 ou 366 jours.

Les 12 mois de l'année sont : janvier, février, mars, avril, mai, juin, juillet, août, septembre, octobre, novembre et décembre.

Les mois ont 30 ou 31 jours, à l'exception du mois de février qui peut avoir 28 ou 29 jours.

(10)

Les saisons.

Il y a quatre saisons dans l'année : le printemps, l'été, l'automne et l'hiver.

Chaque saison dure trois mois.

Le printemps est la saison la plus agréable. — C'est au printemps que les plantes commencent à sortir de terre, que les champs se couvrent de verdure et de fleurs et les arbres de feuilles.

Pendant l'été on moissonne le blé, l'orge et les autres céréales.

L'automne est la saison des fruits. — C'est en automne qu'on fait la vendange dans les pays où pousse la vigne en abondance. — Avec le raisin on fait le vin.

L'hiver est la saison la plus rigoureuse, car c'est en hiver que le froid est le plus intense. — Pendant cette saison il tombe de la pluie, de la neige, de la grêle même. — Dans certains pays l'eau gèle et se couvre de glace. — En hiver les arbres sont dépouillés de leur feuillage et tout est triste dans la nature. — Les hommes sont obligés de brûler du bois ou du charbon pour échauffer leurs membres engourdis par le froid.

(11)

Le temps.

Voulez-vous avoir la bonté de me dire l'heure qu'il est?

Quelle heure est-il, s'il vous plaît?

Il est huit heures du matin.

Il est sept heures et demie.

Il est huit heures moins un quart.

Il est l'heure d'aller en classe : dépêchez-vous.

Il est midi : c'est le milieu de la journée.

Il est quatre heures de l'après-midi : vous allez sortir de classe.

Il est dix heures du soir.

Il est encore de bonne heure.

Il est tard.

Il n'est pas tard.

Il est minuit : c'est le milieu de la nuit.

Il est trois heures précises du matin.

Cette horloge avance.

Votre montre retarde : il est quatre heures moins vingt.

Vous êtes resté longtemps dehors.

Je partirai en voyage demain ou après-demain; peut-être la semaine prochaine.

Je crois que votre ami est parti hier ou avant-hier.

Non, monsieur, il est parti il y a déjà six jours.

Il reviendra prochainement.

J'irai le voir dans quelques jours.

Je voudrais bien aller me promener aujourd'hui : quel temps fait-il?

Fait-il beau?

Le temps est magnifique; je ne me rappelle pas avoir vu une aussi belle journée; l'air est pur.

Le temps est couvert; le ciel est nuageux.

Le ciel est couvert de nuages noirs.

Le temps est à l'orage.

Il commence à pleuvoir.

Le vent souffle avec force.

La pluie va tomber à torrents.

Entendez gronder le tonnerre.

Voyez les éclairs.

Lorsqu'il fait un orage, j'ai toujours peur que la foudre ne tombe.

Il tombe de la grêle.

L'orage commence à se calmer.

Voyez l'arc-en-ciel.

Les rues sont pleines de boue.

Le temps est froid.

Le temps est humide.

Demain il fera très chaud.

La chaleur est étouffante aujourd'hui.

J'ai tellement chaud, que je suis tout baigné de sueur.

(12)

Salutations et compliments.

Bonjour, Monsieur.

Salut, mon ami.

Je vous souhaite le bonjour.

Je vous souhaite le bonsoir.

Monsieur, j'ai l'honneur de vous saluer.

J'ai l'honneur de vous présenter mes respects.

Madame, j'ai l'honneur de vous offrir mes hommages.

Bonsoir, Monsieur.

Adieu.

Au revoir.

Je suis bien aise de vous voir.

Je suis bien content d'avoir pu vous rencontrer.

Comment allez-vous?

Comment vous portez-vous?

Comment va monsieur votre père?

Votre santé est-elle bonne?

Je me porte à ravir, je vous remercie.

Je vais très bien.

Je suis un peu indisposé.

Ce ne sera rien, j'espère.

Je ne me sens pas à mon aise.

Voulez-vous venir vous reposer chez moi?

Mille remerciements.

Comment se porte votre famille?

Assez bien, merci.

J'en suis bien aise.

Veuillez faire mes compliments aux vôtres.

Je n'y manquerai pas.

Faites-moi le plaisir de me rappeler au bon souvenir de monsieur votre père.

Je n'oublierai pas.

Présentez mes salutations à madame votre mère.

Bonne nuit, Monsieur.

Quoi de nouveau chez vous? — Tout va bien. — Tant mieux.

Savez-vous quelque chose de neuf?

(13)

Le chien et le loup.

Un chien poursuivait un jour un loup qui fuyai à toutes jambes. Il était fier de sa vigueur et de rapidité de sa course, et il narguait le pauvre lou

« Ne crois pas que j'aie peur de toi, lui dit alors cet animal, c'est le chasseur qui est derrière nous que je redoute. »

MORALE

Il ne faut jamais se vanter d'un mérite que l'on n'a pas.

Expressions.

Il a fui à toutes jambes. — Il est fier de cela. — Il a peur de cela. — Il a poursuivi le voleur. — Il a nargué son camarade. — Il a du mérite.

QUESTIONNAIRE

DEMANDE. *Quel est le titre de cette petite histoire?*	RÉPONSE. Le chien et le loup.
D. *Que faisait un jour un chien?*	R. Il poursuivait un loup.
D. *Qu'est-ce qu'un loup?*	R. Un loup est un animal sauvage qui ressemble au chien.
D. *Que faisait ce loup?*	R. Il fuyait à toutes jambes.
D. *Que signifient ces mots* fuir à toutes jambes?	R. Ces mots signifient *fuir aussi vite que possible.*
D. *De quoi le chien était-il fier?*	R. Il était fier de sa vigueur et de la rapidité de sa course.
D. *Pourquoi narguait-il le loup?*	R. Le chien narguait le loup parce qu'il croyait qu'il fuyait devant lui.
D. *Que lui dit le loup?*	R. Le loup lui dit qu'il fuyait à toutes jambes parce qu'il redoutait les chasseurs qui étaient derrière eux.

EXERCICE D'IMITATION

Mon chien a poursuivi un loup dans le bois. J'ai poursuivi un chien dans la rue. Poursuis ce chien qui est entré dans notre jardin. Je n'ose pas le poursuivre ; j'ai peur qu'il ne me morde. Pourquoi fuis-tu? Je fuis parce que j'ai peur de votre chien. Lorsque votre enfant m'a vu, il s'est mis à fuir. Lorsque nous avons vu votre chien nous poursuivre, nous nous sommes mis à fuir à toutes jambes. Un homme courageux ne doit jamais fuir. Il ne faut jamais fuir. Cet homme est très fier. Il ne faut pas être fier. Si tu es fier, tes camarades ne t'aimeront pas. Je n'aime pas les enfants qui sont fiers. Il ne faut pas narguer ses camarades. Nous n'aimons pas les élèves qui narguent leurs camarades. Je redoute ce travail. Je redoute cet homme. Je redoute de commencer ce travail. Cet homme a du mérite. Vous avez du mérite à faire cela. Tu n'as aucun mérite à faire cela. Quel mérite as-tu à faire cela?

(14)

La bonne compagnie.

« Sens cette petite boîte, disait un jour un enfant à sa mère, son bois a l'odeur de la rose.

— « *Sais-tu pourquoi*? demanda la mère.

— « C'est, sans doute, répondit l'enfant, parce que la nature l'*a voulu* ainsi.

— « Non, mon cher fils, dit la mère, c'est parce que j'avais mis des roses dans cette boîte et elle s'est imprégnée de leur douce odeur.

Voilà ce que l'on gagne en bonne compagnie. »

Expressions.

Ce bois a l'odeur de la rose. — Sans doute, probablement. — Il s'est imprégné. — La bonne compagnie. — Il a gagné.

QUESTIONNAIRE

DEMANDE. *Que disait un jour un enfant à sa mère?*

RÉPONSE. Un enfant disait un jour à sa mère de sentir une petite boîte qu'il lui montrait.

D. *Quelle odeur avait le bois de cette boîte?*

R. Ce bois avait l'odeur de la rose.

D. *Qu'est-ce qu'une rose?*

R. Une rose est une fleur dont l'odeur est agréable.

D. *Pourquoi la petite boîte avait-elle l'odeur de la rose?*

R. La boîte avait cette odeur parce que la mère y avait mis des roses.

EXERCICE D'IMITATION

J'ai senti cette fleur. Cette fleur sent bon. Les roses sentent bon. Les roses ont une bonne odeur. Sens ce bouquet. Les fleurs de ce bouquet sentent-elles bon? Elles ne sentent pas bon. Elles n'ont pas une odeur agréable. L'odeur de la rose me plaît. Cette odeur ne me plaît pas. Ce bouquet me plaît beaucoup; ses fleurs ont une odeur très agréable. Sens-les. En effet, il sent très bon. Les fleurs de ce bouquet ont une odeur très douce.

Je sais, tu sais, il sait, nous savons, vous savez, ils savent. Je sais écrire et lire. Je ne sais pas parler. Ton ami sait-il parler français? Il commence à savoir parler. Nous savons lire et écrire le français, mais nous ne savons pas encore bien parler. Sais-tu traduire? Je ne sais pas traduire : Je saurai bientôt traduire parce que je cause souvent avec des Français et je commence à comprendre à peu près tout ce que j'entends.

(15)

Le Coq.

Une femme avait deux servantes qu'elle éveillait tous les matins au premier chant du coq. Les deux servantes, afin de rester plus longtemps au lit, tuèrent le coq qui les faisait lever chaque jour de si bonne heure.

Mais leur maîtresse, ne sachant plus quelle heure il était, les éveilla dès lors beaucoup plus tôt, quelquefois même dans le milieu de la nuit.

En voulant éviter un petit ennui, on s'en attire souvent un bien plus grand.

Expressions.

De bonne heure. — Tard. — Plus tôt. — Plus tard. — Il m'a éveillé au premier chant du coq, c'est-à-dire, il m'a éveillé de très bonne heure. — Il a évité un ennui. — Il s'est attiré un ennui.

EXERCICE D'IMITATION

Mon ami m'a éveillé de bonne heure. Je me suis éveillé de très bonne heure. Il faut vous éveiller chaque matin de très bonne heure. Le coq chante le matin de très bonne heure. Les servantes doivent s'éveiller de bon matin. — Éveille-toi de bonne heure demain. Dites à la servante de nous éveiller au premier chant du coq. Éveille-moi plus tôt qu'hier. Nous nous sommes éveillés tard ce matin : il faudra nous lever plus tôt demain. Vous restez trop longtemps au lit le matin : il faut vous lever plus tôt. — Je voudrais éviter cet ennui. Comment faire pour éviter cet ennui? Évite-moi cet ennui. Je me suis attiré cet ennui. Nous nous sommes attiré cet ennui.

(16)

La poule aux œufs d'or.

Deux femmes voisines avaient chacune une grosse poule qui pondait chaque jour un œuf d'or. Une d'elles s'imagina que sa poule avait un trésor dans le corps. Elle la tua, l'ouvrit, et la trouva semblable à toutes les autres poules.

L'autre pensa qu'en augmentant la nourriture de la sienne elle lui ferait pondre deux œufs au lieu d'un; mais la pauvre bête devint excessivement grasse, cessa de pondre et ne tarda pas à mourir.

L'avarice perd tout en voulant tout gagner.

Expressions.

Cet enfant s'imagine qu'il est beau. Cet homme s'imagine qu'il est instruit. Tu t'imagines que tu es plus adroit que nous, mais tu te trompes. Il ne faut jamais s'imaginer qu'on est plus intelligent que les autres. — Excessivement. La poule était excessivement grasse. Les deux femmes étaient excessivement avares. Le chien qui poursuivait le loup était excessivement fier de le voir fuir devant lui. —La poule a cessé de pondre. Votre frère a cessé son travail. Mon ami a cessé de venir chez moi. Nous avons cessé d'aller le voir. Ne cesse jamais d'étudier. Il ne faut jamais cesser de s'instruire. — Vous avez tardé à venir me voir. Pourquoi votre père a-t-il tant tardé à venir? Cesse de travailler la nuit, sinon tu ne tarderas pas à tomber malade. Vous ne tarderez pas à savoir parler le français si vous continuez à étudier. Dites à votre frère que je ne tarderai pas à lui écrire une longue lettre.

(17)

Le soc de charrue.

Un soc de charrue, dont on ne se servait plus depuis longtemps, était tout couvert de rouille. Il voit passer son frère, tout brillant, qui revenait des travaux des champs, et lui dit : « Comment se fait-il que tu sois si poli, si brillant, et que moi je sois terne et rouillé? Cependant nous avons été forgés du même fer et par le même forgeron. Où as-tu pris cet éclat, mon frère? — En travaillant », lui répondit l'autre.

L'oisiveté rouille le corps et l'esprit.

Expressions.

Je me sers de cette plume pour écrire. — Je me sers de ce couteau pour couper. L'homme se sert de la charrue pour labourer la terre. Comment se fait-il que vous ne vous serviez pas de cette charrue? Voulez-vous vous servir de mon chien pour aller à la chasse? Servez-vous de mon cheval. Sers-toi de mon mulet. Prêtez-moi votre cheval si vous ne vous en servez pas. Prêtez-nous votre fusil s'il ne vous sert pas. Comment se fait-il que votre père ne soit pas venu nous voir? Comment se fait-il que vous ne veniez plus nous voir? Comment se fait-il que cette petite boîte sente la rose?

(18)

Les voleurs et l'âne.

Deux voleurs avaient pris un âne. Mais chacun d'eux voulait le garder pour lui seul. Pendant qu'ils se disputaient et se battaient, un troisième larron arriva, monta sur l'âne et s'enfuit au galop. Les deux voleurs coururent après lui, mais ne *purent* l'atteindre, et ils ne retirèrent d'autre profit de leur vol que les coups de poing et les coups de pied qu'ils s'étaient distribués.

MORALE

Bien mal acquis ne profite jamais.

Expressions.

Un larron, un voleur, un fripon. — Il a couru après lui. — Cela m'a profité. — J'ai retiré du profit de cela. — Vous ne retirerez aucun profit de cela. — Mon frère a acquis une grande richesse. — Il a acquis une bonne réputation. — Nous avons acquis beaucoup de connaissances en classe.

QUESTIONNAIRE

DEMANDE. *Qu'avaient fait deux voleurs?*	RÉPONSE. Ils avaient pris un âne.
D. *Où avaient-ils trouvé cet âne?*	R. Ils l'avaient trouvé dans un champ.
D. *Que faisait cet âne dans le champ?*	R. Il broutait l'herbe.
D. *Que voulurent-ils faire de cet âne?*	R. Chacun d'eux voulut le garder pour lui seul.

DEMANDE. *Que se passa-t-il entre eux?*	RÉPONSE. Les deux voleurs se disputèrent et se battirent pour savoir lequel des deux garderait l'âne.
D. *Qu'arriva-t-il pendant qu'ils se disputaient?*	R. Il survint un troisième individu qui monta sur l'âne et s'enfuit au galop.
D. *Lorsque les voleurs le virent s'enfuir avec l'âne, que firent-ils?*	R. Ils cessèrent de se battre et se mirent à courir après lui pour tâcher de l'atteindre.
D. *Purent-ils l'atteindre?*	R. Non, monsieur, ils ne purent pas l'atteindre parce que l'âne courait plus vite qu'eux.
D. *Quel profit retirèrent-ils de leur vol?*	R. Ils ne retirèrent aucun profit.
D. *Quelle est la morale de cette petite fable?*	R. La morale de cette fable est qu'on est toujours puni lorsqu'on a commis un vol, et que le produit d'un vol ne profite jamais.

(19)

Les épis de blé.

Un cultivateur était allé visiter sa terre, pour voir si l'on pourrait bientôt moissonner le blé. Il avait emmené son fils avec lui.

« Regarde, papa, dit l'enfant, ces beaux épis qui se tiennent si droit; sans doute, ils sont bien meilleurs que les autres épis qui sont tout couchés. »

Le père cueillit quelques épis, et dit : « Mon enfant, regarde cet épi qui dressait si fièrement sa tête ; il ne renferme pas de grains. Vois cet autre, au contraire, qui était courbé jusqu'à terre ; il est rempli de grains magnifiques.

Il ne faut pas juger des gens d'après leur apparence, car les gens fiers et orgueilleux sont souvent ceux qui ont le moins de valeur, et qui font le plus d'embarras. »

Expressions.

Il a visité le palais. — Nous sommes allés visiter votre père. — Nous avons fait une visite à votre père. — Mon frère a visité les villes de la Tunisie. — Voulez-vous visiter ce collège ?

Il se tient droit. — Tiens-toi droit. — Tenez-vous droit. — Vous ne savez pas vous tenir droit.

Il dresse la tête. Votre cheval dresse les oreilles.

Fièrement, avec fierté. — Il agit fièrement, il fait le fier. Il parle fièrement, il parle avec fierté. — Il se conduit fièrement, à notre égard.

Il a de la valeur. — Cette maison n'a aucune valeur. — Votre terrain a une très grande valeur. — Ce bijou a de la valeur. — Cet homme a de la valeur.

Votre ami fait des embarras. — Il ne faut pas faire d'embarras. Vous avez tort de faire des embarras. — Un homme qui a de la valeur ne fait jamais d'embarras. — Il n'y a que les sots qui fassent des embarras. — Je n'aime pas les enfants qui font des embarras.

(20)

La colombe et la fourmi.

Une fourmi qui courait dans les champs, à la recherche de sa nourriture, se laissa tomber dans un ruisseau. Elle allait se noyer lorsqu'elle fut aperçue par une colombe qui s'empressa de lui porter secours et de la retirer de l'eau.

Quelques instants après, la fourmi, qui retournait à son trou, aperçut un chasseur visant la colombe qui était perchée sur un arbre. Elle courut rapidement à lui et le mordit avec force au talon au moment où il allait tirer sur sa bienfaitrice. La douleur qu'il sentit lui fit faire un bond qui détourna l'arme et qui évita à la colombe une mort certaine.

Il faut toujours vous montrer reconnaissants envers ceux qui vous font du bien.

Expressions.

Je cours à la recherche de mon frère. — Mon ami allait sortir lorsque je suis entré chez lui. — Il faut toujours porter secours aux malheureux. — Quelques instants après. — Un bienfaiteur, une bienfaitrice.

QUESTIONNAIRE

DEMANDE. *Que faisait une fourmi dans les champs?*	RÉPONSE. Elle cherchait sa nourriture.
D. *Que lui arriva-t-il?*	R. Elle tomba dans un ruisseau.

DEMANDE. *Qui la vit dans l'eau sur le point de se noyer?*	RÉPONSE. Une colombe.
D. *Que fit la colombe lorsqu'elle vit que la fourmi allait se noyer?*	R. Elle eut pitié d'elle et lui porta secours.
D. *Put-elle la retirer de l'eau?*	R. Oui, monsieur, elle put la retirer de l'eau.
D. *Comment fit-elle pour la retirer de l'eau?*	R. Elle lui tendit un brin de paille sur lequel la fourmi monta.
D. *Lorsque la fourmi fut sortie de l'eau, que fit-elle?*	R. Elle remercia la colombe et s'en alla.
D. *Où alla-t-elle?*	R. Elle retourna sans doute à son trou.
D. *En retournant à son trou, qu'aperçut-elle?*	R. Elle aperçut un chasseur dans le champ.
D. *Qu'avait ce chasseur à la main?*	R. Il avait à la main un long fusil.
D. *Que faisait-il avec ce fusil?*	R. Il visait la colombe qui était perchée sur un arbre et il voulait la tuer.
D. *Que fit la fourmi lorsqu'elle aperçut le chasseur?*	R. Elle courut à lui pour le mordre au talon afin de l'empêcher de tuer la colombe.
D. *Que fit le chasseur lorsque la fourmi le mordit?*	R. Il fit un bond et lâcha son fusil.
D. *La colombe fut-elle tuée?*	R. Non, monsieur, elle ne fut pas tuée. Elle échappa à la mort.

(21)

Une bonne action vaut mieux qu'une victoire.

On raconte qu'un roi gravement malade était sur le point de mourir lorsqu'on vint lui annoncer qu'un courrier lui apportait une nouvelle importante. « Qu'on le fasse entrer, dit le roi. — Sire, dit le courrier, j'ai la joie de vous annoncer que vos armées ont remporté une victoire complète contre vos ennemis. — C'est bien, répondit le roi; portez cette nouvelle à mon héritier, et dites-lui que la prise de vingt villes ne console pas un prince à l'article de la mort autant que le souvenir d'une bonne action. »

Expressions.

Il est gravement malade. — Il est sur le point de mourir. Il est à l'article de la mort. — Il est sur le point de partir; il est sur son départ. — Ils sont sur le point d'achever.

Une nouvelle importante; — une nouvelle inquiétante; — une nouvelle intéressante; — une nouvelle agréable, — une bonne nouvelle; — une mauvaise nouvelle, — une fausse nouvelle; — une nouvelle exacte. — Il a reçu une nouvelle; — il a annoncé une nouvelle; — il a porté une nouvelle; — il a raconté une nouvelle.

Les troupes ont remporté une victoire.

L'armée a essuyé une défaite.

(22)

La gazelle.

Une gazelle vint un jour se désaltérer à une source limpide. En buvant elle vit son image dans l'eau. La maigreur de ses jambes la chagrina; elle fut fière au contraire de la longueur de ses cornes.

Tandis qu'elle faisait ces réflexions, des chasseurs survinrent. Elle se mit alors à fuir à toutes jambes. Tant qu'elle courut dans la plaine, les chasseurs ne purent la rejoindre. Mais aussitôt qu'elle entra dans les bois, ses cornes s'engagèrent dans les arbres et ses ennemis ne tardèrent pas à l'atteindre et à la blesser mortellement. « Malheureuse que je suis, s'écria-t-elle en mourant, j'ai méprisé ce qui a été la cause de mon salut, et ce dont j'étais fière a entraîné ma perte. »

QUESTIONNAIRE

Où vint se désaltérer une gazelle? — Comment était l'eau de la source? — Que vit la gazelle dans l'eau? — Pourquoi la gazelle put-elle voir son image dans l'eau? — Qu'est-ce qui chagrina la gazelle? — De quoi fut-elle fière au contraire? — Qu'arriva-t-il pendant qu'elle faisait ces réflexions? — Que faisaient ces chasseurs? — Que fit la gazelle lorsqu'elle aperçut les chasseurs? — Que firent les chasseurs lorsqu'ils aperçurent la gazelle? — Les chasseurs purent-ils attraper la gazelle? — Quand purent-ils attraper la gazelle? — Pourquoi purent-ils la rejoindre lorsqu'elle entra dans le bois? — Que firent les chasseurs lorsqu'ils atteignirent la gazelle? — Avec quoi la blessèrent-ils? — Que signifient ces mots : ils la blessèrent mortellement? — Que dit la gazelle en mourant?

(23)

Probité.

Un jour, en passant dans la rue, je vis un enfant qui cherchait un objet perdu en regardant à terre et qui pleurait à chaudes larmes.

« Mon enfant, lui demandai-je, que fais-tu là? Pourquoi pleures-tu?

— Monsieur, me répondit-il, mon père m'avait donné deux sous pour lui acheter un petit pain et je les ai perdus.

— Ne pleure plus, mon ami, lui dis-je; voici un gros sou et cours acheter le pain de ton père. »

L'enfant me remercia et partit tout joyeux. J'avais à peine fait cinquante pas que je le vis revenir vers moi en courant.

« Monsieur, me dit-il tout ému, j'ai retrouvé mes deux sous et je viens vous rendre les vôtres en vous remerciant de tout mon cœur. — Dieu te bénisse ! mon cher enfant, lui dis-je; garde les deux sous que je t'ai donnés et prends cette pièce d'argent en récompense de ta probité. »

Les enfants doivent toujours s'habituer à être probes et reconnaissants.

Expressions.

Il a pleuré à chaudes larmes.

Il avait à peine fait dix pas. Il avait à peine dit ces mots. J'avais à peine achevé mon travail. Lorsque vous êtes arrivé, je venais à peine de terminer.

(24)

Les deux voisins.

Un meunier et un maréchal étaient voisins.

Le fils du premier tomba un jour dans un ruisseau sur le bord duquel il jouait.

Le maréchal, qui habitait de l'autre côté de l'eau, entendit les cris de l'enfant et accourut à son secours.

Il le retira heureusement et le ramena chez son père.

Quelque temps après, un incendie éclata dans la maison du maréchal. C'était pendant la nuit et toute la famille s'enfuit à la hâte. Mais dans le trouble, on oublia la plus jeune des filles.

Du milieu des flammes, elle implorait le secours des spectateurs; mais personne n'avait le courage de s'exposer au danger pour la sauver.

Tout à coup, le meunier parut, pénétra dans l'intérieur de la maison en feu et revint bientôt après, portant l'enfant dans ses bras. Il la remit à son père en disant : « Vous avez retiré mon fils de l'eau; moi, avec la grâce de Dieu, j'ai sauvé votre fille du feu. »

Expressions.

Il a appelé au secours, il a crié au secours, il a imploré le secours. — Il a porté secours à son voisin. — Il m'a vu dans le danger et il a accouru à mon secours. — « Au secours! au secours! »

Il est sorti à la hâte. — Il a écrit cette lettre à la hâte. — J'ai fait cela à la hâte.

Il a du courage. — Il a eu le courage de venir à mon secours malgré le danger. — Il a eu le courage de me dire cela.

Il s'est exposé au danger avec courage. — Me voyant dans le danger, il a exposé courageusement sa vie pour venir à mon secours.

(25)

Le lion, le renard et le loup.

Un lion, un renard et un loup allèrent ensemble à la chasse. Ils tuèrent un cerf, un sanglier et un lièvre. Le lion pria le loup de partager entre eux le produit de leur chasse. « La chose est bien simple, dit le loup ; le cerf sera pour notre seigneur le lion, le sanglier pour moi, et le lièvre pour le renard. » Il avait à peine achevé ces mots qu'il recevait du lion un coup de patte qui l'étendait à terre, raide mort.

« Fais le partage à ton tour », dit le lion au renard. — « Rien de plus facile, répondit le renard : le cerf servira au déjeuner de notre seigneur le lion, le lièvre à son goûter et le sanglier à son souper. — Bravo! Bravo! s'écria le lion. Qui t'a appris à être aussi équitable? — Sire, c'est la situation dans laquelle je vois le loup. »

MORALE

Que le malheur qui frappe nos semblables nous serve de leçon.

(26)

Les deux chats et le singe.

Deux chats ravirent un fromage et vinrent prier un singe de vouloir bien le partager entre eux deux. Celui-ci le coupa en deux parties à peu près égales et plaça chacune d'elles dans les plateaux d'une balance qu'il avait mise devant lui. L'une des parts pesait un peu plus que l'autre. Le singe en mangea un petit morceau pour rétablir l'équilibre et la replaça dans le plateau. Ce fut alors l'autre part qui se trouva plus pesante. Le singe en mangea également un morceau pour égaliser le poids. Mais la première fut à son tour plus lourde et le singe la rogna encore. Il continua le même manège jusqu'à ce qu'il ne resta plus de chaque côté qu'une faible portion du fromage.

« Nous sommes satisfaits du partage, dirent alors les chats.

— Très bien, leur répondit le singe; je garde alors ce qui reste pour les frais. »

MORALE

Un mauvais arrangement vaut mieux qu'un bon procès.

(27)

La veuve et son fils.

Une pauvre femme avait un fils qu'elle aimait tendrement. Comme elle savait que l'instruction est la meilleure des fortunes, elle voulut le faire instruire et elle fut obligée de travailler tout le jour et une partie de la nuit pour gagner de quoi suffire aux dépenses que lui occasionnait son enfant. Elle vivait de privations afin de pouvoir lui acheter les livres qui lui étaient nécessaires, et cependant, jamais elle ne se décourageait parce qu'elle voyait son fils s'adonner à l'étude avec ardeur. Lorsqu'il atteignit l'âge de vingt ans il obtint un emploi lucratif et put à son tour venir en aide à sa mère et lui rendre tout le bien qu'il en avait reçu. Sa mère, fière de ce qu'il faisait pour elle, lui dit un jour : « Que tu es bon « pour moi ! mon enfant, combien je suis heureuse « d'avoir un fils tel que toi ! » — « Mère, lui répon- « dit le jeune homme, quand je ferais pour vous « cent fois plus que je ne fais, je ne m'acquitterais « pas envers vous, car il ne me sera jamais possible « de vous récompenser de tout le bien que vous « m'avez fait et de vous faire oublier tout le mal « que vous avez eu pour m'élever. »

Gloire aux mères qui se rappellent que le plus beau don qu'elles puissent faire à leurs enfants, c'est de soigner leur éducation !

Honneur aux fils qui se montrent reconnaissants envers leurs mères !

(28)

La veuve et son fils.

Une veuve avait un jeune garçon qu'elle élevait fort mal. Lorsqu'il commettait une mauvaise action, elle ne lui faisait aucune remontrance; et, s'il dérobait quelque objet à ses voisins, elle partageait avec lui le produit de ses vols et le félicitait de son adresse au lieu de lui infliger un châtiment sévère. Aussi l'enfant devint le plus mauvais sujet de la ville. Il fut même obligé de s'enfuir à un moment dans la montagne pour échapper aux poursuites de la justice. Alors il s'associa avec d'autres voleurs et il devint la terreur de toute la contrée. Un jour il fut pris par les gendarmes, et les juges le condamnèrent à être pendu. « Amenez-moi ma mère, dit-il, que je la voie avant de mourir. » La mère vint; il s'approcha d'elle et la mordit au visage. En apprenant cette action, les juges furent étonnés et lui demandèrent pourquoi il avait traité sa mère aussi cruellement. « Parce que, leur répondit-il, ma mère ne m'a donné aucun sage conseil lorsque j'étais jeune et qu'elle est cause du malheur qui m'arrive et de tout le mal que j'ai fait. »

Honte aux mères qui négligent d'instruire leurs enfants de leurs devoirs et qui s'oublient jusqu'à leur donner de mauvais exemples!

(29)

Le loup et l'agneau.

Le loup. « Que viens-tu faire sur le bord de ce ruisseau ? Pourquoi es-tu entré dans mon domaine ?

L'Agneau. — Seigneur, je suis venu boire à ce ruisseau. Depuis ce matin le berger nous a fait courir dans les champs, et, comme il fait très chaud, j'avais une soif ardente et je suis venu me désaltérer.

Le loup. — Pourquoi te permets-tu de troubler l'eau de ce ruisseau, surtout lorsque je bois moi-même ?

L'agneau. — Seigneur, je ne vous avais pas aperçu, et je vous prie de me pardonner. Dans tous les cas, l'endroit où je buvais est bien plus bas que celui où vous vous trouviez et il n'est pas possible que j'aie troublé votre eau.

Le loup. — Si, tu l'as complètement troublée et je te punirai.... Au fait, n'est-ce pas toi qui as dit du mal de moi l'année dernière et qui m'as insulté?

L'agneau. — Seigneur, cela est impossible. Je n'étais pas encore né à cette époque. Je tette encore ma mère. J'ai à peine deux mois.

Le loup. — Si ce n'est pas toi qui m'as insulté, ce doit être ton frère.

L'agneau. — Je n'ai pas de frère, Seigneur.

Le loup. — C'est alors quelqu'un de tes parents ou de tes voisins qui m'a diffamé. Je sais du reste que les animaux de votre race, que les chiens qui vous protègent, que les bergers qui vous conduisent, disent tous pis que pendre de moi et des miens. Aussi, puisque le ciel me donne l'occasion de me venger de vous, je me garderai bien de la laisser échapper. Tu vas payer pour tous les autres. »

A ces mots, le loup se précipita sur le pauvre agneau et le dévora.

MORALE

Quelles que soient les raisons que donne le faible, il est toujours victime de l'injustice du fort.

(30)

L'ours et les deux chasseurs.

Deux chasseurs ayant besoin d'argent, allèrent trouver un marchand de fourrures, et lui dirent : « Dans la montagne voisine, il y a un ours énorme dont nous avons trouvé la piste. Nous sommes certains de le tuer. Si vous voulez nous donner cent francs, nous vous apporterons bientôt sa peau. » Le marchand leur donna les cent francs, et les deux chasseurs partirent pour la montagne. A peine y étaient-ils arrivés que l'ours s'avança vers eux, au petit trot, en poussant des grognements effrayants. Lorsque les chasseurs l'aperçurent, ils furent saisis de terreur et cherchèrent les moyens d'échapper au terrible animal. L'un d'eux grimpa sur un arbre, et l'autre se coucha par terre, retint son souffle et fit le mort. L'ours vint le flairer de tous les côtés ; mais, voyant qu'il ne bougeait pas et qu'il ne respirait pas, il le crut mort, et s'éloigna sans lui faire de mal, car les ours n'aiment pas les cadavres. Quand l'ours eut disparu, le chasseur qui était sur l'arbre, descendit, s'approcha de son compagnon et lui demanda, pour se moquer de lui : « Qu'est-ce que l'ours t'a dit à l'oreille ?

— Il m'a dit, répondit l'autre, qu'il ne faut pas vendre la peau de l'ours, avant de l'avoir tué. »

(31)

Le chasseur et l'alouette.

« Que vas-tu faire de moi ? demanda une alouette à un chasseur qui venait de la prendre dans un filet.

— Je vais te tuer et te manger, répondit l'homme.

— Mais je ne suis pas grasse et je ne saurais te rassasier.... Veux-tu me rendre la liberté et je te donnerai trois conseils qui te seront beaucoup plus profitables que ma chair ?

— J'y consens, parle.

— Attends, je te prie.... Je te donnerai le premier de ces conseils lorsque tu m'auras posée sur la main ; le second lorsque je serai perchée sur l'arbre qui est devant nous, et le troisième lorsque j'aurai atteint le sommet de ce petit monticule.... Acceptes-tu ?

— J'accepte et je te place sur ma main ; parle.

— Eh bien, voici mon premier conseil : *Ne regrette jamais ce que tu auras laissé échapper.*

— Maintenant, laisse-moi me poser sur l'arbre.

— Va et fais-moi connaître ton second conseil.

Le voici : *Ne crois jamais ce qui ne peut pas être vrai.* »

Après avoir prononcé ces mots, l'alouette prit son vol et alla se poser au sommet du petit monticule d'où elle cria au chasseur.

« Maladroit que tu es ! Si tu m'avais égorgée, tu aurais trouvé dans mon gésier une pierre précieuse pesant plus de 200 grammes. »

En entendant ces mots, le chasseur se mordit les lèvres et poussa des soupirs de regret.

« Donne-moi ton troisième conseil, cria-t-il à la rusée volatile.

— Et pourquoi te le donnerais-je, lui répondit-elle, puisque tu as déjà oublié les deux premiers?

— Comment cela ?

— Evidemment : Ne t'ai-je pas dit tout d'abord de ne pas regretter ce que tu aurais laissé échapper? Or tu regrettes de m'avoir lâchée. Ne t'ai-je pas dit ensuite de ne pas croire ce qui ne pourrait pas être vrai? Or tu m'as crue quand je t'ai parlé de la prétendue pierre précieuse, sans réfléchir que mes os, ma chair et mes plumes ne pèsent pas ensemble 200 grammes. Comment pourrais-je donc avoir dans mon gésier une pierre de ce poids? Tu n'es qu'un naïf. Je désire que la leçon te profite. Adieu. »

(32)

Tout change sur terre. — Dieu seul est éternel.

Pour donner une idée des changements qui se sont toujours produits à la surface de notre globe, un historien arabe a imaginé le récit suivant qu'il met dans la bouche d'un ange :

« Je passai un jour, dans le cours de mes voyages, auprès d'une ville très grande et très peuplée.

« Savez-vous quand cette ville a été fondée, demandai-je à l'un de ses habitants?

— « Oh! me répondit-il, notre ville est très ancienne; nous ignorons depuis quand elle existe et nos ancêtres étaient à ce sujet dans la même ignorance que nous. »

Mille ans après, passant par le même lieu, je n'aperçus plus une seule trace de cette ville, et je demandai à un paysan qui ramassait de l'herbe sur son emplacement, depuis quand elle avait été détruite. « Quelle question me faites-vous là, me dit-il ? cette terre n'a jamais été autre qu'elle est en ce moment. » — « Autrefois, lui dis-je, n'existait-il pas ici une ville ? — Jamais nous ne l'avons vue, me répondit-il, et jamais nos pères ne nous en ont parlé. »

Je revins au même endroit mille années plus tard. J'y trouvai une mer et j'aperçus sur ses bords une compagnie de pêcheurs auxquels je demandai depuis quand cette terre était couverte par la mer.

« Comment pouvez-vous nous faire une pareille question ? me répondirent-ils Cet endroit a toujours été ce qu'il est.

— Quoi donc ? leur dis-je, cette mer n'était-elle pas anciennement la terre ferme ?

— Nous l'ignorons, me dirent-ils, et nous n'en avons jamais entendu parler à nos pères. »

Je retournai encore au même endroit mille années après. La mer avait disparu. Je demandai à un homme qui fauchait de l'herbe depuis quand ce changement avait eu lieu, et il me fit la même réponse que j'avais reçue précédemment.

Enfin, y retournant de nouveau après un pareil laps de temps, j'y retrouvai une ville florissante, plus peuplée et plus riche en beaux bâtiments que celle que j'y avais vue la première fois ; et, quand je m'informai de son origine auprès de ses habitants, ils me répondirent : « Elle se perd dans la nuit des temps. Nous ignorons depuis quand notre ville existe, et nos pères étaient à cet égard dans la même ignorance que nous. »

(33)

Quelques proverbes.

— La faim chasse le loup du bois.

— Contentement passe richesse.

— Mieux vaut tenir que courir.

— Un moineau à la main vaut mieux que dix sur l'arbre.

— Aide-toi, le ciel t'aidera.

— Il ne faut pas juger les gens sur l'apparence.

— Dis-moi qui tu fréquentes, je te dirai qui tu es.

— Qui se ressemble s'assemble.

— Qui trop embrasse mal étreint.

— Il ne faut pas vendre la peau de l'ours avant de l'avoir tué.

— L'homme propose et Dieu dispose.

— Pierre qui roule n'amasse pas de mousse.

— Tant va la cruche à l'eau qu'à la fin elle se casse.

— Le soleil luit pour tout le monde.

— Abondance de biens ne nuit pas.

— Quand le chat est sorti, les souris dansent.

— Chat échaudé craint l'eau froide.

— Les absents ont toujours tort.

— Pauvreté n'est pas vice.

— A quelque chose malheur est bon.

— A bon chat, bon rat.

— On n'est jamais trahi que par les siens.

— On a souvent besoin d'un plus petit que soi.

— Qui aime bien châtie bien.

— Les petits ruisseaux font les grandes rivières.

— Comme on fait son lit on se couche.

— On ne peut pas tirer de la farine d'un sac à charbon.

— Charité bien ordonnée commence par soi-même.

— Chacun pour soi et Dieu pour tous.

— On connaît les vrais amis dans le malheur.

— Qui ne dit mot consent.

— Qui n'entend qu'une cloche n'entend qu'un son.

— La peur apprend à courir.
— Qui vole un œuf vole un bœuf.
— Nul n'est prophète en son pays.
— A tout péché miséricorde.
— A bon entendeur salut.
— Tout ce qui brille n'est pas or.
— L'habit ne fait pas le moine.
— Il n'y a pas de fumée sans feu.
— Plus on est élevé, plus on court de dangers.
— Les bons comptes font les bons amis.
— Tel père, tel fils.
— Trop parler nuit.
— Qui s'y frotte s'y pique.
— Ventre affamé n'a point d'oreilles.
— Tout vient à point à qui sait attendre.
— Plus fait douceur que violence.
— Expérience passe science.
— Qui s'aime trop n'a point d'amis.
— Rien ne sert de courir, il faut partir à point.
— Précaution vaut mieux que repentir.
— Sage ennemi vaut mieux que fol ami.
— Dans le doute, abstiens-toi.
— Qui ne risque rien n'a rien.

— Qui donne aux pauvres, prête à Dieu.

— Fais ce que dois, advienne que pourra.

— Familiarité engendre le mépris.

— Où la chèvre est attachée il faut qu'elle broute.

— L'œil du maître engraisse le cheval.

FIN

0	fois	0	fait	0	0	fois	4	fait	0	0	fois	8	fait	0
0	....	1	..	0	0	....	5	..	0	0	....	9	..	0
0	....	2	..	0	0	....	6	..	0	0	....	10	..	0
0	....	3	..	0	0	....	7	..	0	0	....	11	..	0
										0	....	12	..	0

2	fois	0	font	0	5	fois	0	font	0	8	fois	0	font	0
2	....	1	..	2	5	....	1	..	5	8	....	1	..	8
2	....	2	..	4	5	....	2	..	10	8	....	2	..	16
2	....	3	..	6	5	....	3	..	15	8	....	3	..	24
2	....	4	..	8	5	....	4	..	20	8	....	4	..	32
2	....	5	..	10	5	....	5	..	25	8	....	5	..	40
2	....	6	..	12	5	....	6	..	30	8	....	6	..	48
2	....	7	..	14	5	....	7	..	35	8	....	7	..	56
2	....	8	..	16	5	....	8	..	40	8	....	8	..	64
2	....	9	..	18	5	....	9	..	45	8	....	9	..	72
2	....	10	..	20	5	....	10	..	50	8	....	10	..	80
2	....	11	..	22	5	....	11	..	55	8	....	11	..	88
2	....	12	..	24	5	....	12	..	60	8	....	12	..	96

3	fois	0	font	0	6	fois	0	font	0	9	fois	0	font	0
3	....	1	..	3	6	....	1	..	6	9	....	1	..	9
3	....	2	..	6	6	....	2	..	12	9	....	2	..	18
3	....	3	..	9	6	...	3	..	18	9	....	3	..	27
3	....	4	..	12	6	....	4	..	24	9	....	4	..	36
3	....	5	..	15	6	....	5	..	30	9	....	5	..	45
3	....	6	..	18	6	....	6	..	36	9	....	6	..	54
3	....	7	..	21	6	....	7	..	42	9	....	7	..	63
3	....	8	..	24	6	....	8	..	48	9	....	8	..	72
3	....	9	..	27	6	....	9	..	54	9	....	9	..	81
3	....	10	..	30	6	....	10	.	60	9	....	10	..	90
3	....	11	..	33	6	....	11	..	66	9	....	11	..	99
3	....	12	..	36	6	....	12	..	72	9	....	12	..	108

4	fois	0	font	0	7	fois	0	font	0	10	fois	0	font	0
4	....	1	..	4	7	....	1	..	7	10	...	1	..	10
4	....	2	..	8	7	....	2	..	14	10	...	2	..	20
4	....	3	..	12	7	....	3	..	21	10	...	3	..	30
4	....	4	..	16	7	....	4	..	28	10	...	4	..	40
4	....	5	..	20	7	....	5	..	35	10	...	5	..	50
4	....	6	..	24	7	....	6	..	42	10	...	6	..	60
4	....	7	..	28	7	....	7	..	49	10	...	7	..	70
4	....	8	..	32	7	....	8	..	56	10	...	8	..	80
4	....	9	..	36	7	....	9	..	63	10	...	9	..	90
4	....	10	..	40	7	....	10	..	70	10	...	10	..	100
4	....	11	..	44	7	....	11	..	77	10	...	11	..	110
4	....	12	..	48	7	....	12	..	84	10	...	12	..	120

TABLE

13 542. — Imprimerie A. Lahure, 9, rue de Fleurus, Paris.

COURS CARRÉ ET MOY

RÉDACTION — ÉLOCUTION — ÉDUCATION

L'Année préparatoire de Rédaction et d'Élocution, par MM. CARRÉ, Inspecteur général de l'enseignement primaire, et MOY, Professeur à la Faculté des lettres de Douai. 1 volume in-12, cartonné avec figures. » 60

— *La même*, PARTIE DU MAÎTRE. 1 volume in-12, avec figures. 2 »

La Première année de Rédaction et d'Élocution, par les mêmes. 1 vol. in-12, avec figures, cartonné. » 90

— *La même*, PARTIE DU MAÎTRE. 1 vol. 2 50

Le but des auteurs a été non seulement de donner un *Cours de Rédaction*, mais encore de faire servir les exercices de rédaction à l'**instruction** générale des élèves et à leur **éducation.**

A cet effet, ils ont choisi leurs sujets dans les matières du programme qui se rapportent à la **vie pratique** : morale, hygiène, droit usuel, agriculture, commerce, etc. Pour que l'élève possédât les éléments nécessaires à son travail, ils ont annexé au devoir, sous la rubrique *renseignements*, les notions indispensables. — Par de nombreuses *rédactions sur images*, ils éveillent chez l'enfant la faculté *d'observation ;* — par des exercices de *vocabulaire*, ils enrichissent sa mémoire d'un grand nombre de mots, qui le mettent en mesure d'exprimer ses pensées ; — par des conseils pratiques et surtout des exemples, ils l'initient aux règles élémentaires du *style.*

La Partie du Maître aplanit toutes les difficultés que la nouveauté de la méthode pourrait faire naître.

La préparation orale, l'étendue et la correction des devoirs ont été tour à tour étudiées par les auteurs : **la préparation orale** surtout, car c'est elle qui **forme**, conformément aux vœux des nouveaux programmes, **la base même de la méthode** employée dans l'ouvrage.

LECTURES ENFANTINES

par M. Ed. ROCHEROLLES ancien élève de l'École normale supérieure, Agrégé de l'université, Professeur au lycée Louis-le-Grand et à l'École normale supérieure d'instituteurs de Saint-Cloud.

Les Premières Lectures enfantines. — Historiettes morales. — Leçons de choses. — Notions élémentaires de grammaire, d'arithmétique, de géographie, etc. — Petites poésies. — 125 vignettes. In-12, cart. » 65

Les mêmes, partie du maître, contenant des leçons de choses, des questionnaires, des devoirs enfantins. In-12, cart. 1 40

Les Secondes Lectures enfantines. — Historiettes morales. — Leçons de choses. — Notions élémentaires de grammaire, d'arithmétique, de géographie, etc. — Petites poésies. — 128 vignettes. In-12, cart. » 75

Les Troisièmes Lectures enfantines. — Historiettes morales. — Leçons de choses. — Questionnaires. — 124 vignettes. In-12, cart. » 90

Ces trois volumes se font suite; les leçons qu'ils contiennent **sont graduées,** même matériellement; au début, les caractères sont plus forts, les syllabes séparées. Les récits deviennent progressivement plus importants au point de vue des efforts intellectuels qu'ils demandent et de la longueur; ils sont tous intéressants, **inédits** et empruntés à la **vie réelle. Les leçons de choses** alternent avec les récits.

Sans cesser de les intéresser, l'auteur amène les enfants à accepter, sous une forme agréable, des notions de grammaire, d'arithmétique et de géographie auxquelles ils se montreraient peut-être réfractaires, si elles leur étaient présentées sous un autre aspect.

Paris. — Imp. E. Capio[illegible] 16.)

www.ingramcontent.com/pod-product-compliance
Ingram Content Group UK Ltd.
Pitfield, Milton Keynes, MK11 3LW, UK
UKHW020920180726
13838UKWH00002B/669

9 782329 478364